子どもとスマホ

おとなの知らない
子どもの現実

石川結貴 Ishikawa Yuki

花伝社

子どもとスマホ——おとなの知らない子どもの現実◆目次

第1章　スマホが変える子どもの世界

第2章　子どもとインターネット

第3章 深刻化するネットトラブル

第4章 今日から役立つ知識と対策

第5章　ネット社会の未来と子どもたちのこれから

はじめに

今、子どもを取り巻く環境は大きく変わっています。

インターネットを利用して膨大な情報に接するだけでなく、パソコンやスマホ（スマートフォン）などを使って、子ども自身が情報の送受信者になっています。

友達からのメッセージを一日に何十回も受け取ったり、自分の撮影した写真や動画を公開したり、インターネット経由で音楽やゲームを楽しむ――こうした行為はすでに日常生活の一部です。街角や電車内、ショッピングセンターでスマホの操作に夢中になっている子どもの姿は、あたりまえの光景になってきました。

おとなから見ると、なぜそんなに楽しいんだろうと不思議に思われるかもしれませんが、そこには相応の「事情」と「理由」があります。

私は長年、子どもの現場を取材し、彼らの生の声に接してきました。そうして、彼らなりの事情や理由を知り、同時にネット社会の中で翻弄《ほんろう》される子どもの状況を見てきました。

たとえば、スマホを使って何時間もオンラインゲーム（インターネットを通じて楽しむゲーム）に没頭する子どもがいたとしましょう。おとなにしたら、「ゲームばかりやっている子どもが悪い」という解釈になるでしょうし、確かに褒《ほ》められたものではありません。しかし一方で、オンラインゲームにはユーザー（利用者）にゲームをつづけさせる仕掛け、一度はじめたらなかなかやめられないような巧妙な仕組みがあるのです。激しい企業間競争の中、各ゲーム会社がひとりでも多くのユーザーを獲得しようとするのは当然のビジネス戦略です。楽しく、刺激的なゲームを提供し、「やめさせない」仕組みを徹底的に考えます。

このような仕組みの中で、知識も社会経験も未熟な子どもがゲームをはじめたらどうなるでしょうか。おとなが考えたビジネス戦略に取り込まれ、いつまでもつづけてしまい、結果的にゲーム会社にとっては「いいお客さん」になるわけです。

こうした例からもわかるように、単純に「子どもが悪い」と決めつけるだけでは、本当の意味での解決になりません。

子どもたちに起きているさまざまな問題、過度なネット利用、不適切な書き込み、スマホ依存、ゲーム三昧、ＬＩＮＥ(注)をめぐるトラブルなどは当人に責任の一端があります。けれども、「だから最近の子はダメだ」と安易に言うのではなく、子どもたちをそうした状況に置いているおとなの責任についても考えるべきでしょう。

子どもにスマホを買い与えたのは誰でしょうか。機器を購入し、毎月の利用料を負担し、子どもに「使わせている」のはおとなです。まずはおとなが責任を持って子どものスマホ利用と向き合う、ここがとても大切ではないかと思います。


とはいえ、おとなのほうにもさまざまな困惑があることでしょう。そもそもスマホのことがよくわからない、子どものほうが進んでいるから口出しできない、注意しても言うことを聞いてくれない、うちの子に限って危ない真似はしない、学校で指導してもらいたい——こうした声をよく聞きます。

私も二人の息子の母親なので、「うちの子に限って」という親心はよくわかります。同時に、ジャーナリストとして多くの取材例を積み重ねた経験から、子どもたちの本音や悩み、困っていることも承知しています。

そこで本書では、おとなと子ども、双方の立場からネットやスマホの問題について考えたいと思います。特に、次の5点に重点を置きました。

・ネットやスマホの問題をわかりやすく説明。
・現代の子どもたちが置かれている環境や現状を報告。
・家庭や学校でできる指導、教育について具体的に解説。
・ネットやスマホのトラブルを防ぐためにどうすればいいか、身近に利用できるもの、簡単に実践できる方法を紹介。
・ネットやスマホの「怖さ」だけでなく、利便性や効果的な使い方についての提案。

スマホを駆使し、次々と新しい情報を手にする子どもたちをどう見守り、注意し、より良い関係を築けばいいのか、本書を通じて知っていただければ幸いです。

（注）ＬＩＮＥ：無料で通信や通話ができるアプリ。国内の登録者数は、５８００万人（２０１５年７月現在）。グループを作って仲間内だけでチャット（インターネットを介して文字で行う会話）ができたり、写真の投稿、ゲームや音楽など多彩な利用方法がある。

第1章

スマホが変える子どもの世界

そもそもスマホとは何？

最近の子どもたち、特に中学生や高校生ではスマートフォン（スマホ）を手にする姿が目立ちます。小さなスマホに目を落としたまま夢中で操作している光景に、「どこがそんなに楽しいの？」と不思議に思われる方も少なくないでしょう。お子さんのいる家庭では、スマホの購入や利用方法をめぐって親子バトルが起きているかもしれません。

子どもにスマホを与える前に、おとなはこの小さな機械のことをどれくらい知っているでしょうか。まずは、スマホについてわかりやすく解説してみましょう。

スマートフォンの「スマート（smart）」は「賢い」という意味です。直訳すると「賢い電話」になりますが、実際は電話というよりパソコンに近いものです。

「パソコンに近い」と言われてもピンとこない、そんな方もいるかもしれません。

では、「パソコン」と聞いて、どんな使い方を思い浮かべますか？

仕事の必需品、メールの送受信をしている、文書やグラフが作成できる、インターネットに接続して検索や情報収集をする、ブログを書いている、SNS（注1）を利用して友人と交流している、家計簿をつけている、写真を加工している、動画や音楽を楽しめる、ゲームをやっている、イラストを描いている——ざっと挙げただけでも、実に多彩な使い方があります。使う人それぞれの生活や環境に応じて、違う目的や用途で利用しているでしょう。

それはすなわち、パソコンでいろいろな作業ができる、たくさんの活用法がある、ということです。多機能に使えることを「汎用性《はんようせい》」と言います。スマホがパソコンに近いとは、この汎用性がある、つまり「多機能な働きをする機械」という意味です。

スマートフォンを直訳すると「賢い電話」だと前述しました。つまり、「電話＋多機能な働きをする機械」、これがスマホというわけです。

では、多機能とはどういうことでしょうか。ここで、先のパソコンの使い方をおさらいしましょう。仕事で使う人もいれば、趣味を楽しむ人もいます。友人関係に役立てたり、海外のサイトにアクセスして国際ニュースを閲覧する人もいるでしょう。

同じように、スマホでも多くの機能を使うことができますが、そのためには機器に「アプリ」(注2)と呼ばれる応用ソフトをインストール（導入、取り込むこと）します。どうやってインストールするかと言えば、インターネットに接続して、各種のアプリを取り扱っている「ストア（アップストア、グーグルプレイストアなど）」から、使いたいものを購入するのです。

ここで言う「ストア」とは、実生活での「お店」と同じです。たとえばレンタルＤＶＤ

店では、見たいＤＶＤをカゴに入れ、レジに持っていきます。借りたＤＶＤを家に持ち帰り、ＤＶＤプレイヤーで再生して映画などを楽しみますが、流れとしては似ているものと考えてください。

レンタルＤＶＤの場合は期限までに返却しなくてはなりませんが、スマホにインストールしたアプリは、ユーザー（利用者）が削除しない限りずっと使えます。

スマホの特徴、利便性として、この「アプリのインストール」というのが大きなポイントです。自分の好きなアプリ、仕事やプライベートに役立つアプリをインストールすることで、スマホはますます多機能に、楽しく、便利になるのです。

（注1）ＳＮＳ：ソーシャルネットワーキングサービス（Social Networking Service）の略。インターネット上で複数の人たちとつながり、メッセージ交換や写真の共有など多彩な方法でコミュニケーションを楽しめる。主なＳＮＳとして、フェイスブック、ツイッター、ＬＩＮＥ、インスタグラムなどがある。

（注2）アプリ：アプリケーション（application）の略。メール、音楽、動画、地図、天気など、用途に応じた機能を備えたソフトウェア。

スマホは「バイキング料理」に似ている

とはいえ、実際にスマホを使っていない人にとっては、その楽しさや利便性が今ひとつピンとこないでしょう。そこで「バイキング料理」にたとえて説明してみましょう。

ホテルのバイキングディナーとか、食べ放題のレストランを利用したことのある人はたくさんいるはずです。バイキングでは、ズラリと並んだごちそうを好きなだけお皿に取り分けて食べることができます。

お刺身、揚げ物、肉料理、中華、イタリアン、おそばやうどん、ラーメン、カレー、スープ、サラダにデザートなど、「どれを食べようか」とわくわくします。気づけばお皿にはさまざまな種類のごちそうが満載、つい食べ過ぎちゃった、そんな経験もあるでしょう。

バイキングの各種料理がスマホで言うところのアプリ、そう考えてみてください。つまり、興味のあるものや生活に役立つ機能を自由に選び、お皿に盛りつけるようにインストールし、自分仕様に設定して使うことができるわけです。

バイキング料理の種類が豊富なことと同様に、アプリにも実にたくさんのジャンルがあります。生活に役立ったり、勉強を助けてくれたり、仕事で重宝したり、趣味に使えたり、私たちの日常全般にわたって役立つ機能があるのです。ジャンルごとに、代表的なアプリを挙げてみましょう。

生活に役立つアプリ：通信（メール、メッセージ交換、電話、ビデオ通話など）、SNS、天気、地図、乗換案内、グルメ案内、カメラ、カレンダー、家計簿、健康チェック、ニュース、新聞、広告チラシなど

勉強に役立つアプリ：辞書、翻訳、百科事典、語学、受験問題集、暗記術など

仕事に役立つアプリ：手帳、スケジュール管理、文書作成、計算機、名刺管理、録音、データ保存、スキャナーなど

趣味に役立つアプリ：ゲーム、動画視聴、音楽、ラジオ、電子書籍、コミック（マンガ）、雑学、観光ガイドなど

一部を挙げただけでも、豪華バイキング料理と同様の豊富な機能がそろっています。たとえば中学生なら、辞書、翻訳、地図、天気、乗換案内、カメラ、通信、SNS、ゲーム、動画視聴、音楽、電子書籍、コミック、こんなアプリを取り込みたくなるでしょう。

こんなふうに、それぞれの立場や状況に応じて自分仕様に設定できることを「カスタマイズ」と言います。そして、自分の用途に合ったアプリをカスタマイズすることで日々の生活は楽しく、便利になります。

スマホに取り込んだ「辞書アプリ」を使えば、重い辞書を持ち歩かなくても、簡単に言葉の意味を調べることができます。「翻訳アプリ」があれば、スペルや発音がわからない英単語も、すぐに表示されます。「乗換案内アプリ」を使うと、自分が乗りたい電車が何時何分に何番線から発車するのか、目的地までの料金はいくらか、こんな情報も簡単に調べることができるのです。

無料で使えるアプリ

さらに、多くのアプリには「無料」という大きな特徴があります。ここでは、無料通信アプリの代表格であるＬＩＮＥを例に挙げてみましょう。

ＬＩＮＥは、ＬＩＮＥ社が提供するアプリで、スマホにインストールする際には一切の料金がかかりません。自分の携帯電話番号などを入力して会員登録すると、さまざまな機能が無料で利用できるようになります。「電話」という機能なら、文字通り誰かとの通話がタダでできるようになるのです。ただし、相手もＬＩＮＥに会員登録している場合に限ります。要は、市に住民登録している人だけが、市内の公共施設を無料で利用できるようなものです。

そう言うと、狭い世界のように感じられるかもしれませんが、そんなことはありません。電話をしたい相手が海外に住んでいても、ＬＩＮＥを利用すればまったく通話料がかからず何時間でも話せるのです。かつての高額な国際電話料金を考えれば、まさに夢のような話と言えるでしょう。

ちなみにＬＩＮＥでは、「ビデオ通話」という機能もあります。テレビ電話のように、お互いの顔を見ながら話ができるのです。離れて暮らす家族の顔を見て話をしたい、最近会っていない友人の顔を見たい、そんなときには「ビデオ通話」を利用して会話し、交流することができます。もちろん、これも無料です。

文章よりも「スタンプ」のほうが伝わりやすい

また、ＬＩＮＥの特徴として「トーク」という機能があります。お互いに「友達」として認定しあった人同士、あるいは「グループ」を作った仲間同士がインターネットを通じ、チャットと呼ばれる文字での会話を楽しむ機能です。

昭和の時代、中学生や高校生は交換ノートや回覧ノートを楽しんでいました。私も経験者のひとりですが、一冊のノートにそれぞれが思うことを書いたり、ひとつの話題を参加メンバー同士であれこれと意見交換したものです。

同じように、特定の参加者同士が内輪のおしゃべりを楽しむ、メッセージを交換する、これがLINEで言うところの「トーク」です。

「トーク」でのやりとりは文字だけではなく、かわいい絵やイラストを表示することができます。この絵を「スタンプ」と言い、互いの感情や気持ち、ニュアンスを表現するために用いられます。

たとえば「ありがとう」というメッセージを送りたいとき、文章で「今日はありがとう」と入力しなくても、感謝や感激を表すスタンプ（絵やイラスト）を送る、こんなふうに使うわけです。

今、中学生や高校生を中心に、LINEを利用する子どもが急増しています。LINEを使いたいために、携帯電話からスマホに買い替える子どももたくさんいるほど、圧倒的人気を誇っています。

子どもたちを取材すると、LINEの便利さとともに「楽しさ」に惹かれているという声が多く上がります。かわいい、笑える、おもしろい、そんな気持ちにさせるのは、そのときの感情、ちょっとしたニュアンスを、絵やイラストで表せるという特徴があるからでしょう。

メールでメッセージのやりとりを経験した人なら思い当たるかもしれませんが、「文章」で何かを伝える際、意外にも強いインパクトで伝わってしまうことがあります。

たとえば何かを断りたいとき、「要りません」とか、「参加したくありません」などと書いて送信したとします。書いた側に他意はないとしても、そういう言葉を受け取った側は、妙に傷ついたりどことなく不快になることがあります。

これが対面や電話での会話なら、相手の表情、仕草、声のトーンなどから相応のニュアンスが伝わります。あるいは手紙のように相手の筆跡がわかる形なら、そこから読み取れる感情もあるでしょう。

ところが、インターネットを介したメッセージ交換は、機械的な文字が並ぶだけです。相手の気持ちを考慮し、文章を書く側が注意を払って表現すればいいかもしれませんが、LINEの「トーク」のようにいわゆる日常会話的なコミュニケーションでは、そこまで丁寧な対応はなかなかむずかしいのです。

友達から「宿題の答え、教えて〜」とメッセージが来たとしましょう。受け取った側が

「教えたくない」と思った場合、それをそのまま文章で返してしまうと、なんだか「イヤなヤツ」のような印象です。

こういうときこそ、スタンプの出番です。かわいい動物のイラストが、「ごめんね、また今度～」という言葉とともに困った顔をしていたり、おどけた表情のキャラクターが「自力でがんばるのじゃ」などと吹き出しのセリフを言う——こんなスタンプを使うことで、「断る」際のニュアンスが和らぎ、軽妙なコミュニケーションができるわけです。

マンガやゲームで歴史を知る

私自身、友人や仲間同士、あるいは取材でもＬＩＮＥを使っています。それほど多用するわけではありませんが、取材先の中学生や高校生とメッセージ交換をする際には、彼らの感性にピッタリだなと感じます。どんな感性かと言えば、「目で見える」、そして「わかりやすい」のが好き、ということです。

何かを伝える際、言葉や文章ではなく、スタンプという絵やイラストが使われると前述しました。ニュアンスが和らぎ、コミュニケーションがスムーズになるだけでなく、絵やイラストで表示されると断然わかりやすくなります。

たとえば歴史の勉強で考えてみましょう。教科書の文章や年表で勉強するのが基本でしょうが、戦国時代や室町時代といった、見たこともない世界について知るのはなかなか大変です。教科書に書かれている文章から想像力を働かせるにしても、たとえば戦国武将の生活を想像するには限界があります。

そんなとき、教科書のページに戦国武将の写真や絵、イラストなどが載っていると、「ああ、こういう姿をしているんだ」と理解が深まります。

今では多くの子どもたちが、『マンガで読む日本の歴史』といったマンガ本、コミックを愛読しています。大手の進学塾でも、教科書ではなくマンガを取り入れているくらいです。

さらに、「歴史ゲーム」も大流行しています。織田信長や真田幸村など歴史上の人物がゲームキャラクターとして登場し、合戦を繰り広げたり、敵の城を攻める作戦を練ったりします。当時の文化や風俗、地理や人物像が詳細に再現されているゲームもあります。

ある家庭を訪問した際、歴史のことにとても詳しい男の子がいたので「すごいね」と言ったら、「ゲームやってたら自然に覚えますよ」と笑っていたくらいです。

このようにマンガやイラスト、ゲームキャラクターといった形で接すると、難解な歴史上の出来事も楽しく覚えられます。まさに、目で見える形、わかりやすい方法がたくさんあるのです。

現代の子どもたちは、物心ついたときからこういう世界で育っています。当然ながら、LINEのスタンプのように絵やイラストを使うコミュニケーションは、彼らの感性にすんなりと馴染みます。

文章を書く私のような人間からすると、「行間から作者の意図を読み解く」といった読解力や、「言葉で状況を描写する」という文章力を大事にしてほしいところですが、現実の子どもたちは、画像や映像といった視覚的な方法を好むのです。

おとなは「お品書き」、子どもは「写真入りメニュー」

取材の中でも、今の子どもたちの感覚にハッとすることがよくあります。

あるとき、三人組の中学生に話を聞く機会がありました。この手の取材のときには、ファーストフード店を利用することが多いのですが、たまたま地方の小さな町で適当なお店がありません。

ちょうど寒い時期だったので、「あったかいものでも食べようか?」と駅前の食堂に誘いました。昔ながらの古びた食堂です。

テーブルの上には、「お品書き」がありました。そばやうどんがメインの食堂のようで、「かきたまそば」とか、「けんちんうどん」、「カレー南蛮」といったメニューが並んでいます。

中学生たちに「何にする?」と尋ねても、みんな困ったような顔をしています。最初は遠慮しているのかと思いましたが、そうではありませんでした。お品書きに表示されている食べ物がどんな内容なのか、わからないのです。

「けんちんうどん、ってなんですか?」、「カレー南蛮はどういうやつ?」と聞かれた私は、それぞれの食べ物を言葉で説明しました。その説明の最中、ひとりの中学生がスマホを取り出し、「けんちんうどん」と「カレー南蛮」をネットで検索したのです。

スマホの画面には、それぞれの食べ物の「写真」が表示されました。中学生たちは、その画像を覗き込んで、「ああ、こういうやつか……」と納得の表情です。

そう、彼らは言葉での説明よりも、「写真」を見ることを選んだのです。これは当然と言えるかもしれませんが、今の私たちの生活では、文字だけの古いお品書きより、カラフルな「写真入りメニュー」のほうが一般的です。

ファミレスや回転ずし、ハンバーガー店、チェーン展開する居酒屋やカフェなどでは、どこも写真入りメニューや画像付きタッチパネルが用意されています。どんな食べ物なのか、どういう商品なのか目で見て注文するわけです。こうした仕組みの中で育ってきた子どもたちは、まさに視覚という感覚で物事を捉え、理解するのでしょう。

スマホという名の現代の神器

昭和三十年代、テレビという視覚の王様が家庭に登場しました。それまで、新聞やラジオで情報に接していた人たちは、こぞってテレビに惹かれていきました。「○○で火事が起きた」というニュースなら、テレビは炎が上がる様子や焼け落ちた建物、火事騒ぎに集まっていた野次馬まで、そのままを映し出し伝えてくれます。

当時、テレビは「神器」と言われたものですが、スマホにも共通する部分があるように思います。とはいえ、全面的にスマホを支持しているわけではなく、情報の収集や伝達において、子どもの世界を大きく変えたという意味です。

先の中学生が、「けんちんうどん」や「カレー南蛮」をネット検索したように、いつでもどこでも情報を得られる神器がスマホです。食べ物や商品の画像だけでなく、それを利用した人のクチコミや、おいしいお店のランキング、価格の比較や詳細な商品情報も簡単に調べることができます。

これほどまでに便利な機器を持ち歩き、日常的に利用している子どもたちの感覚を理解するには、従来の方法では無理があるように思います。子どものスマホ利用に家庭や学校がどう対応すればいいいか、具体的には第4章で後述しますが、まず大切なのは彼らの生活環境について知ることです。

それはすなわち私たちおとなの生活環境でもあるのですが、人々を取り巻く状況はものすごいスピードで変化し、進化しているのです。

おとななら、お品書きで食べ物を注文できるでしょう。なぜなら、私たちおとなが子どもだったころには、写真入りメニューなどほとんどなく、文字だけのお品書きがごくあたりまえだったからです。

「焼き魚定食　小鉢、汁、漬物付き」などと書かれていたとして、何の抵抗もなく注文できるのは、おとながそういう環境で育ってきた、つまり経験値があるからです。

けれども、今の子どもたちにはそういう経験値はほとんどありません。写真入りメニューに馴染んできた彼らにとっては、「目で見える」という前提があってこそ注文が可能となるわけです。

こういう感性にマッチするのが、まさにスマホです。わからないことは検索して調べる、画像や映像を見る、インターネット上で誰かに質問する――スマホがあればすべてできますから、当然手放せません。

一方、おとなからすると「イマドキの子はなんでもスマホに頼って……」と嘆きたくなりますが、これはおとな側が勝手な思い込みに縛られているのです。おとなの目線からすると、いかにもイマドキの子どもが機械頼みに思えるでしょうが、私たちの社会はすでに、見えやすい、わかりやすい、簡単、便利という生活環境になっています。

おとなだってどこかに出かける際、あたりまえに車を運転します。車というかつての「神器」が生活必需品になったように、子どもにとってスマホが必須アイテムになるのも無理はないと言えるでしょう。

ネット心友とは？

手のひらサイズのスマホが子どもの世界を変えている中で、特に注目したいのが友達との関係です。言うまでもなく、子どもにとって友達の存在は大きいもの。一緒に遊べる仲間、気軽に語り合える同級生、悩み事を打ち明けられる親友、いろいろな友達がほしいでしょう。

一方で、友達との関係が「悩みの種」という子どもも少なくありません。先のＬＩＮＥ

で言えば、「友達からひっきりなしにメッセージが来て疲れる」とか、「友達申請（特定の人同士でメッセージ交換をするために、相手に友達として認定してもらう）をしても断られそうで怖い」とか、困惑する声をしばしば耳にします。

表向きは親しくしていても本音は出せない、みんなに合せるのがしんどい、そう訴えながらも、子どもたちは「ぼっち」になることを恐れます。「ぼっち」とは、ひとりぼっちの略。友達がいない人や単独行動を好む人を指します。たとえば、昼食の時間にひとりでお弁当を食べることは、「ぼっちメシ」などと揶揄されます。

こんなふうに友達との関係をめぐって、子どもの気持ちは揺れ動きます。「友達はほしいけれど、実際にはあれこれめんどくさい」、「ぼっちはイヤ。でも結局、自分には心を許せる人がいるんだろうか」と悩むのです。

ところがインターネット上では、こうした悩みがあらたな友達を作るきっかけになります。学生専用のコミュニティサイトなどを利用し、共通の悩みを持つ人と仲良くなるのです。

コミュニティサイトとは、いわゆる交流の場。多数の人が一堂に会し、意見交換したり仲良くなったりするインターネット上の広場のようなものです。

仮に「ぼっち」に悩んでいるとしたら、「ぼっちの人、集まれ」とか、「ぼっちの広場」

などというコミュニティサイトに参加し、同じ状況にある人同士で交流します。

互いに本名や住所、顔さえ知らないことも珍しくありません。現実生活では何の接点もない相手であっても、こういう関係のほうが、かえって「素《す》の自分を出せる」というのです。

ネット上の友達のほうが真の友達、心が通じ合う「心友（しんゆう）」だ、と話す子どももいます。「心友」がいれば満足、身近な友達関係には深入りせず、うわべだけのつきあいでいいと割り切るケースもあります。ちなみに「信じられる友＝信友」という言葉も使われています。

見ず知らずの他人のほうが、悩みを打ち明けやすい場合はあるでしょう。個人的なトラブルなどは、親しい人には隠しておきたかったりします。そういう意味ではネット心友（信友）に救われる子どももいるのでしょう。

リアルの友達関係はむずかしい

それにしてもなぜ子どもたちは、ネットでつながる相手を心友（信友）とまで言うのでしょうか。その背景にはリアル、つまり現実生活での友達関係のむずかしさがあります。

少子化が進み、子どもたちの身近な人間関係は狭まっています。児童数が減ったことですべての学年が1学級、入学から卒業までまったくクラス替えがない小学校も珍しくありません。

特に地方では学校の統廃合が進み、徒歩での通学がむずかしくなる子どもが増えています。スクールバスを利用すると、通学途中に友達の家に寄るとか、帰りがけにちょっと寄り道するようなこともできません。

ずっと同じ人間関係、毎日決まっているルート、こんなふうに子どもの社会は固定化しつつあります。

狭い関係だからこそ、より親しく、深くつきあえるという面もあるでしょう。反面、もしもその関係の中にうまく馴染めなかったら、いわゆる「逃げ場」がありません。

同じクラスの子と気が合わない、もめた、仲間外れにされた、そんなトラブルに見舞われるのが子どもの世界ですが、だからといってその人間関係から離れることは物理的にむずかしいのです。

私は、子どもたちが悩みを書き込む学生専用サイトをよく見ますが、「クラス替えもなくて地獄」とか、「ずっと同じメンツで息が詰まる」、「学校でハブられたら最悪」といった言葉が目につきます。

ちなみに「ハブられる」とは仲間外れになる、という意味です。「省く」が語源で、要するに自分の存在が省略されることを指します。

固定化した人間関係の中でハブられないためには、「浮かない」、「空気を読む」ことが求められます。クラスのみんなが「わぁー」と笑ったら、たとえ自分はおもしろくないと感じていても空気を読んで笑う。同じ部活動のメンバーが「練習サボろうぜ」と言ったら、自分はまじめにやりたくても浮かないように同調する。こんなふうに周囲に合せなくてはなりません。

「キャラを作る」とか、「キャラを盛る」などという言葉も使われます。「キャラ」とはキャラクターの略で、役柄という意味合いです。たとえば、クラスの中ではおふざけキャラ、部活動に行ったらいじられキャラ、塾ではまじめキャラというように、場所や状況に合わせて自分の役柄を使い分けるのです。

ときには「キャラを盛る」、つまり本来の自分より大胆に見せるようなこともしなくてはなりません。本当は消極的で人づきあいが苦手でも、無理して「はじける」、そんな子どももいます。

当然ながらこんな毎日は疲れます。素の自分、本来の姿を隠して周囲に同調するわけですから、ストレスも溜まってしまいます。

こうした現実があるからこそ、子どもたちはネットに逃げ場を求めるのです。そこには、同じようにリアルの友達関係に疲れている誰かがいて、互いの悩みに共感できるというわけです。

すぐに「切れる」つながり

インターネットを介したつながりには、すぐに「切れる」という特徴もあります。文字通りインターネットの接続を切るという意味もありますが、ネット上で知り合った人や仲良くなった人との関係を切る、こちらが大きなポイントです。

せっかくの友達関係を簡単に絶つなんて、と思われるかもしれませんが、人と人との関係においては、不快なことや行き違い、意見の相違などがどうしても生じます。現実生活であれば、折り合いをつけていくことが大切ですが、ネット上の関係では、そもそも互いの名前や住所、顔さえ知らないという場合が少なくありません。「知らない相手だからこそ素の自分を見せられる」一方で、「イヤになったらすぐに関係を絶てる」という面もあります。こういう点が、子どもにとっては楽なのです。

今の子どもたちは兄弟の数も少なく、地域での子ども同士のつながり、異年齢の関わりも減っています。小さいときから個室を与えられ、自分専用のゲームや携帯、スマホを与えられて育っています。

パソコンは「パーソナルコンピュータ」の略、つまり個人用のコンピュータという意味ですが、それこそ個人がどんなふうに使用しているか、外部からは容易に把握できません。子どもの社会が固定化していると前述しましたが、同時に彼らは個人化もしていると言っていいでしょう。

集団関係を築く際にも、たとえばゲームなら気の合う子とだけ一緒に遊ぶ、スマホのLINEなら特定のメンバーだけでグループを作る、こんなふうに自分の基準や物差しで関わる相手を選ぶことができます。

ネット上で作ったつながりや心友（信友）も同様です。自分と合う、自分を理解してくれるときは大切な存在でも、そういうメリットがなくなったら「すぐに切れる」という関係のほうが都合がいいのです。

私自身、取材先の子どもたちから「切られた」経験がたくさんあります。頻繁に相談メールが来るような関係だったのに、ちょっと厳しい意見やアドバイスを伝えると途端に音沙汰がなくなります。こちらから連絡しようとしても相手のアドレスが変わっていて、まったくの音信不通になってしまうこともあります。

ある女子高校生は、私にこう言いました。

「私たちってつながりはほしいけど、しがらみはいらないんですよね」

なるほど、と妙に納得しましたが、要は自分が望む形でのつながりなら心地よく、自分の思いとは違う関係なら深入りしたくないということなのでしょう。

いずれにせよ、子どもにとってのつながりは、おとなが考える人間関係の在り方とは違ってきているように思います。

もしもスマホが使えなかったら

自分基準とも言えるようなつながりを作り、一見すると自己中心的に感じる子どもたちですが、一方では折れやすく、本当の意味での生きる力を失いつつあるように感じます。

写真入りメニューのところでも解説しましたが、今の子どもたちは見えやすい、わかりやすい情報を当然としています。それはすなわち、「わかりにくいことをわかろうとする力」、「むずかしいことを乗り越える力」が育ちにくいということです。

文字だけのお品書きがあったとして、そこに記載された食べ物が何なのかわからないとき、ちょっと想像してみたり、お店の人に聞いてみたりすればわかることもあるでしょう。

実際、私たちおとなはそういう経験を積み、想像力や行動力を身につけてきたのです。

ところが子どもたちは、最初から写真入りメニューが用意された環境で育っています。わからないことは手元のスマホで簡単に調べられる、ネット検索ですぐにわかる、これが子どもの日常です。

時代の流れ、社会環境の変化を考えれば当然かもしれませんが、私は取材先の子どもたちにあえてこんな質問をしています。

「わからないことをスマホで調べるのはいいとして、じゃあもしもスマホが使えないときはどうするの？」

たとえば中学生のグループが、部活動の大会で市外の学校に遠征するとします。「現地集合」ならばグループの誰か、あるいは全員がスマホを持って出かけるでしょう。なにしろ部活動の諸連絡にもＬＩＮＥが使われているくらいです。

彼らは乗換案内のアプリで電車のルートや乗換方法、駅への到着時間などを調べます。先方の駅に着いたら今度は地図アプリを使い、駅から学校までの道案内を表示します。地図アプリでは音声案内もありますから、「50メートル先を右方向に曲がってください」などとスマホが音声で導いてくれます。

とても便利な機能で、まさに「わからないことが簡単にわかる」のですが、ではこういう場面でスマホが使えなかったらどうするのか、私は問いかけるのです。

「どうするの？」と問われた子どもたちは、たいてい困った顔をします。「ええー？　わかんないです」、「マジ困る、そんなこと考えたことない」と自信なさげに苦笑する子どももいます。要は、「スマホがない＝行き方や道順はわからないまま」なのです。

これがおとなだったらどうでしょうか。スマホなどなくても、「わかる」方法はいくらでも思い浮かぶでしょう。電車の乗り換えは駅員さんに聞けばいい、道順がわからなかったら通りすがりの人に聞いてみよう、電柱の住所表示を見ながら歩く――いくつもの方法を思いつき、実際にそういう行動ができるはずです。

ところが子どもたちには、こうした経験がありません。幼いときには親や先生に引率され、自分で外出するようになるとスマホ頼みですから、それ以外の方法、手段を容易に考えられないのです。「知らない人に道を聞くなんて、ぜーったい無理！」、「電柱の住所表示？　そんなの見たことないです」と真顔で話す子どももたくさんいます。

ちょっと工夫したり、周囲を頼ったりすればなんらか道は開けるかもしれないのに、子どもたちはそんな発想を持てないのです。

効率化、スピード化する社会の中で

逆に、部活動の対外試合に行く中学生がスマホを使わず、通りすがりの人に道を聞いたとしましょう。ついでに地元のとっておき情報を教えてもらったり、「試合、がんばれよ」と励ましてもらったり、思いがけない展開も考えられます。

創意工夫することで、「やってみたらできた」という自信や、「この次はこんなこともがんばってみよう」という前向きさにもつながっていくかもしれません。

このような経験は、スマホの地図アプリでは得られないものです。そう考えると、便利なスマホやネット情報に頼るだけでなく、リアル（現実生活）での行動力、経験値が重要でしょう。

とはいえ、前述したように私たちの社会は見えやすい、わかりやすい、簡単、便利なものになっています。効率化、そしてスピード化もとどまるところを知りません。

遠くのスーパーに買い物に行き、重い荷物を提げて帰らなくても、ネットショッピングで注文した品物が数時間後には自宅に配達されます。支払いはクレジットカードや銀行引き落とし、サイフの中に現金がなくても大丈夫です。

パソコンやスマホで動画配信サービスを利用すれば、いつでも好きな映画やドラマが観られるだけでなく、「あなたにおススメ」などと自動的に好みに合ったものをセレクトしてくれます。

最近では「音声検索」という機能もあります。スマホに向かって「近くのラーメン屋を教えて」、「明日の天気は？」、「北海道旅行の格安ツアー」などと自分の知りたいことを話すと、専用アプリが検索結果を表示してくれるのです。

スマホを持っていない、パソコンなど使ったこともないという人もいるでしょうが、そういう場合でも効率化、スピード化の恩恵は存分に受けているはずです。

たとえば電車に乗る際にはスイカなどの電子マネーを利用し、自動改札を通るでしょう。車を運転する人なら、カーナビやＥＴＣを利用しているかもしれません。今ではテレビも全世帯でデジタル化していますから、リモコン操作ひとつで最新の天気やニュース、番組情報がわかります。クーラーもヒーターも自動的に温度調節してくれますし、洗濯機も電子レンジもスイッチを押すだけです。

こんなふうに、私たちの社会、生活環境はどんどん便利に、快適になっているのです。速ければ速いほどいい、簡単にできるのが当然、無駄なことはしたくない、そういう意識が広く浸透してきています。

今の子どもたちは、効率化、スピード化の申し子と言ってもいいほど、その恩恵の中で育ってきました。そんな彼らに、ネットやスマホという「神器」が与えられ、さらなる効率化、スピート化が現実となっています。

果たして子どもたちは何を得て、どんなふうに感じているのか、次章ではスマホ利用の最前線について報告します。

第2章

子どもとインターネット

インターネットが変える子どもの生活

携帯電話の販売店に行くと、「学割で基本使用料無料」、「家族割がお得！　特別キャンペーン実施中」などというポスターが貼られています。学齢期の子どもの利用料金を割引いたり、家族そろって契約するとよりお得なプランが用意されるという意味です。どうせ買うなら安いほうがいい、お得に使いたいというのは誰しも思うところでしょう。特に進級や進学時には販売各社の宣伝も一段と熱を帯び、子どものスマホ購入を後押しします。

スマホを手にした子どものほとんどが、インターネットを利用します。スマホは「定額制」と呼ばれる料金体系があり、一定の金額を支払えばどれだけ通信しても利用料には影響しません。第1章で書いた「バイキング料理」が、時間内であればいくら食べても料金が変わらないように、いわば食べ放題ならぬインターネットつなぎ放題というわけです。

こうした背景もあり、インターネット利用者数は年々増加しています。総務省の『平成26年版情報通信白書』によると、日本のインターネット利用者数は1億44万人（平成25年末）。人口普及率は約83％に上っています。とりわけ青少年の普及率は右肩上がりで、6

歳～12歳が約73％、13歳～19歳では約98％に達します。

では、インターネットは子どもの生活をどんなふうに変えているでしょうか。まずは「学び」の変化について解説しましょう。

「学び」の代表的なものは、学習支援ソフトや教材アプリ。たとえば英語の意味を知りたいとき、無料の辞書アプリを使えばいつでもどこでも言葉の意味を調べることができます。

また、情報の収集という点でも大きな変化があります。何かわからないことを調べるとき、かつてなら百科事典のページをめくったり、図書館に行って専門書を探したりしました。教科書や参考書に線を引いて暗記する、問題集で問題を解く、放課後に先生に質問する、こうした行為がごくふつうのことだったのです。

一方、学習関連のアプリやインターネットを利用した学習法は従来のものとは違っています。

まずは時間。いつでも、あるいは自分の都合に合わせて勉強できる、ここが大きな特徴です。次に場所。電車の中でも、駅のベンチでも、ベッドに寝転びながらでも、学習意欲と通信環境さえあれば勉強できます。さらに環境。机とイス、ノートにペン、ラインマーカーや消しゴム、このような環境がなくても、パソコンやスマホ、タブレットがあれば自在に勉強できるのです。

こんなふうに時間や場所、環境の「自由度」が増すことで、子どもはあらたな学習法を取り入れることができます。

個人的な学習だけでなく、学校でもインターネットを利用したＩＣＴ（情報通信技術）教育が普及してきました。教室内でインターネットに接続し、最新のニュースを検索したり、ビデオ通話で遠隔地の子どもと意見交換する、こんな授業が実際に行われています。

デジタル教科書を使う授業

ここ数年、教育現場では「デジタル教材」や「デジタル教科書」という言葉が使われるようになっています。タブレットのような携帯端末に学習内容を表示したり、教室内に置かれた電子黒板とタブレットを連携させて子どもの学習進度を把握したりと多様な活用法があります。

現在、文部科学省では「アクティブ・ラーニング」という学習法を推進しています。課題を解決する学習といった意味で、従来の「丸暗記」と違い、自分で考えたり、調べたりして答えを探すというものです。

たとえば「アクティブ・ラーニング」を英語で表記すると、「active learning」になります。この言葉のスペルや発音を覚えるのが「丸暗記」だとしたら、課題解決型ではより幅広い学習が求められます。

「active」という単語の別の意味は何か、他の使用例や慣用例はどのようなものか、あるいは「active learning」を取り入れている学校はあるか、具体的にどんな授業をやっているか——こんなふうに関連する資料を探したり、辞書や問題集を参照したり、写真や動画を見たりする、これが新しい学習法です。

とはいえ、こうした学習法を実践しようとしたら、膨大な資料や参考書籍が必要になってしまいます。そこでタブレットを使ってインターネットに接続し、検索や情報収集、情報交換などを行うわけです。

A中学校の生徒が「active learning」について調べてみたら、遠くのB中学校で1年前から実践していることがわかったとします。B中学校の生徒から話を聞きたい、いろいろ教えてもらいたいといった場合、インターネットを通じて互いの授業風景を見たり、自由に話し合うこともできます。

話し合った内容を記録するのも紙のノートではなく、授業の様子を動画に撮ってタブレットに保存する、A校とB校でビデオ通話をしながら情報共有する、こんなふうに学習の自由度がグンと上がるわけです。

ただし、現行のデジタル教科書は正式には教科書ではなく、あくまでも「教材」という位置付けです。日本の小中学校、つまり義務教育で使用されている教科書は、教科書検定に合格しなくてはなりません。ところがデジタル教科書には検定が義務付けられていないため、正式な教科書とは認められていないのです。

小中学校の授業で、タブレットなどの携帯端末が正式な教科書として使われるようになるか、文部科学省で協議されています。早ければ2020年度の学習指導要領改訂時に、デジタル教科書が正式に認められる可能性があると言われています。

ランドセルに教科書やノート、筆箱を入れるのではなく、タブレットを持って登校する、そんな未来が間近に迫っているのです。

「遊び」はどう変わったか

「遊び」の形も大きく変わりました。ここでは子どもたちに大人気の「ゲーム」について取り上げてみましょう。現在の子どもとゲームとの関係を解説する前に、私たちおとなは「ゲーム」と聞いてどんなことを思い浮かべるでしょうか。

60代以上の人が「ゲーム」と聞くと、ゲームセンターにある大型の機械、たとえばスマートボールやもぐら叩きなどの機械を思い浮かべたり、ボードゲームと呼ばれるオセロなどを考えるかもしれません。50代くらいの人なら、喫茶店で楽しんだインベーダーゲームやシューティングゲームに懐かしさを覚えるでしょう。

このように、上の世代の人は大型のゲーム機、それも「設置型」と言って特定の場所にあらかじめ設置されたもので遊んできたわけです。

40代や30代の人になると、「テレビゲーム」の世代です。1983年に発売が開始された任天堂のファミコン（ファミリーコンピュータ）が代表格ですが、これは小型のゲーム専用機をテレビに接続し、コントローラーと呼ばれる手持ちの操作機を動かして遊ぶというものでした。

専用機には「ゲームソフト」と呼ばれるカセットのようなものを挿入します。DVDプレイヤーにDVDをセットして映画を楽しむ、こんな仕組みと一緒です。

ちなみに、ゲーム専用機は1台あたり2万円から6万円程度、ゲームソフトは1本5千円前後します。新発売のゲーム機と、それに対応するソフトを何本か買えば、軽く数万円の出費になるわけです。

ところが2000年代に入り、ゲーム環境は大きく変わります。パソコンやスマホなどを使ってインターネット上で遊ぶオンラインゲーム（ネットゲーム）や、通信機能を備えた携帯型ゲーム機が普及したのです。

オンラインゲームでは、ファミコンのようなゲーム専用機は必要ありません。インターネット上でゲームを進行するのでゲームソフトも使いません。つまり、数万円の出費をしなくても遊べるのです。

無料で遊べるゲーム

さらに、数年前からはスマホゲームが大流行しています。スマホを使ってインターネットに接続し、好きなゲームアプリをインストールして遊ぶという形態です。

仮に小学生の男の子が、「冒険しながらモンスターと闘うゲームで遊びたい」と思ったら、ゲームを配信するストアの中から気に入ったアプリを選びます。

その際、「無料」のゲームを選べば、購入代金はかかりません。おまけに、数、種類とも豊富に用意されているのです。

お金がなくても好きなだけ遊べる――これは子どもにとって〝大革命〟と言っていいほどの変化でしょう。以前なら、クリスマスなどに両親や祖父母にお願いして買ってもらう、これがゲームで遊ぶための前提条件でした。

ようやく買ってもらえたとしても、新種のゲーム機や新作ゲームソフトが次々と出てきます。「また買って」、「新しいソフトがほしい」と言っても、もちろんおとなはそう簡単に応じてはくれません。

ところが無料のゲームでは、おとなの力を借りなくても、自分が遊びたいものをどんどん利用できます。ちょっと遊んでみて「つまらない」と思ったら、また別のゲームを選べばいいのです。インターネットで「スマホゲームの人気ランキング」を見て、次から次へと試すこともできます。

さらに、わざわざ専用アプリをスマホに取り込まなくても遊べる無料ゲームもたくさんあります。たとえば、ポータルサイト（検索や各種サービスが利用できる窓口のようなサイト）のヤフー、SNSのLINEなどにも簡単に利用できる無料ゲームがたくさん用意されています。検索のついでに無料ゲームで遊ぶ、新作ゲームの情報を調べて「お試し」してみる、こんな利用方法もあるのです。

ゲームの中で友達を作るとは？

オンラインゲームでは、誰とでも遊べるという特徴もあります。先の小学生の男の子で言えば、「冒険しながら仲間を増やす」とか、「モンスターを倒すために戦闘グループを作る」とか、要は誰かと一緒にゲームを進行することができます。

その際、わざわざクラスの友達を家に呼んだりしなくても、インターネット上で同じゲームを楽しんでいる「誰か」と協力します。現実に隣や目の前に人がいなくても、ゲームの中で知り合ったり、友達として登録しあったりすれば、仲間になれるのです。

スマホゲームに無縁のおとなからすると、ゲームの中で誰かと知り合うという感覚はなかなか理解できないでしょう。どうやって友達や仲間になるのか、まずここを説明してみます。

あくまでも一例ですが、冒険モノのようなゲームをはじめる際、「キャラクター」を設定します。たとえば演劇で自分が王様役になるとか、狩人になるとか、勇者になるとか、好きなように役を決めることと同じです。

仮に「狩人」というキャラクターを選んだとしましょう。するとゲームの画面には、狩人の姿をしたキャラクターが現れます。これがゲーム空間での「自分」です。名前をつけたり、服装や武器を選んだり、自分とよく似た顔に設定することもできます。

こうして冒険の旅に出た狩人（＝自分）は、街道や森、砂漠といったさまざまな場面で、村人や動物、敵などに出会います。村人として出会った人というのは誰かが設定したキャラクターで、ゲームの中で「一緒に戦いましょう」などと話しかけてきます。もちろん狩人のほうから話しかけることもできます。

こうした会話は「チャット」と呼ばれ、マンガの「吹き出し」のように文字で表示されます。互いに文字で会話し、親しくなると、友達や仲間として登録しあいます。すると、その後のゲーム進行では、互いに相手の状況がわかったり、自由に意思疎通ができるようになります。

狩人が町の酒場に入ったとしましょう。店内に「仲間」になった人たちが集まっていたら、複数で会話をすることもできます。店内の様子や仲間内の会話は、グループ内の全員で共有しますから、「みんなで作戦会議をやろう」とか、「意見のある人は出してくださいい」などと、現実世界での井戸端会議のようなこともできるのです。

仲間に知られず「この人とこっそり話をしたい」という場合には、指定したキャラクターだけを会話に誘えるような仕組みもあります。「ツーショットチャットルーム」などと呼ばれますが、たとえば2人だけで秘密の話をしたいとき、ほかの仲間には知られない形でチャットすることもできます。

こんなふうに、私たちの現実生活を踏襲したようなゲームの世界があるのです。冒険の途中で仲間を増やす、みんなで作戦を練る、協力して敵を倒すといったものだけでなく、結婚や出産、家を建てる、土地を耕す、市場にモノを売りに行く、学校で勉強する、パーティーを開く、楽器を演奏する――挙げたらキリがないほどの「物語」がゲームの中で展開されます。

無料に潜む「仕掛け」

前述したように、スマホゲームでは無料で利用できるものが豊富にあります。タダで使えて、友達ができて、さらに次々と物語が展開するわけですから、子どもたちが夢中になるのは自然な流れでしょう。

それにしてもいったいなぜ無料なのでしょうか。かつては1本数千円もするゲームソフトを購入しないと遊べなかったわけですから、それを「タダ」にしてしまったらゲーム会社は大損するはずです。

オンラインゲームやスマホゲームが無料で提供されている理由はいくつかあるのですが、わかりやすい仕組みとして民放のテレビ番組を挙げてみましょう。

ニュースやドラマ、バラエティや歌番組など、民放各局の番組は無料で視聴できます。番組の合間にCMが入りますが、要はスポンサー企業からの広告収入で制作、提供されているのです。

スポンサー企業は制作費を出す条件として、視聴率を重視します。せっかくお金を出すのですから、たくさんの人に広告を見てもらい、商品の購入につながらないと困るわけです。

当然、民放テレビ局側は、たくさんの人に見てもらえる番組を作ろうとします。人気の芸能人に出演してもらったり、「つづき」が気になるところでドラマを次回に繰り越したり、番組を見た視聴者だけに当たるプレゼントを提供したりします。

無料のスマホゲームは、これとよく似ています。たくさんのユーザー（利用者）を集めるためには、おもしろくて、刺激的で、つづきが気になるようなゲームを提供しなくてはなりません。ゲームユーザーが増えるほどスポンサー企業の広告が集まりやすくなり、それがゲーム会社の収入源になるわけです。

また、スマホゲームには「課金」というシステムがあります。ゲームを進行していくと、特別なアイテム（ゲームで使用する道具）などが必要な場面が出てきます。先の狩人の例で言えば、強力な弓矢や特別な剣がないと倒せないモンスターが現れたりします。

そのような場面では有料、つまりお金を払って道具や武器を購入するという「選択」ができるのです。早くゲームを進めたい、なんとしても目の前のモンスターを倒したい、だったら有料のアイテムを購入しよう、こんな気持ちになっても無理はありません。こうしてお金を使うことを課金と言い、それがゲーム会社の収入になるのです。

ゲーム会社のビジネス戦略

「無料」という仕組みを成立させるためには、スポンサー企業の広告を見る人や、有料の方法を選択する人を増やすことが必須条件です。そのため、ゲーム会社はさまざまな工夫、仕掛けを用意して利用者を獲得します。

たとえば、決められた時間内にゲームをするとたくさんのポイントがもらえる「タイムセール」のような方法。おとなの生活に置き換えれば、近所のスーパーで「午前中だけ牛肉半額」などと広告されるのと同じです。広告を見た消費者は、決められた時間内にどうしても買い物に行きたい、行かないと損をするような気持ちになりがちです。いざ買い物に行ったら、半額の牛肉だけでなく、ほかの商品もあれこれ買うでしょう。

スーパーが消費者の心理を利用して販売戦略を練るように、ゲーム会社も緻密なビジネス戦略を立てています。特にスマホゲームの世界は人気作品の盛衰が激しく、それに伴ってゲーム会社の競争も熾烈なのです。

ひとりでも多くの利用者を得たい、そしてせっかく得た利用者を離したくない——そのためにはゲームを「やめさせない工夫」が必要になってきます。

ゲームの途中でキャラクターの隠し部屋が見つかり、部屋に入ると限定プレゼントがもらえる。クジを引いたら「当たり」が出て、ゲームコインがたくさん手に入る。期間限定のキャンペーンで特別なお宝アイテムがゲットできる。こんなふうに、次から次へと刺激的な仕掛けが用意されています。

予想外の展開に興奮し、「もっとやりたい」と駆り立てられる子どもも少なくありません。深夜までゲームをつづけてしまい、さすがにもうやめようか思っても、ゲームの画面に「本当に中断しますか？」などと表示されることもあります。

要は、「タダだからはじめやすい」一方で、「簡単にはやめにくい」のがスマホゲームです。子どもは無料という「入り口」に惹かれ、安易に利用しがちですが、その背後には徹底的に計算されたゲーム会社のビジネス戦略があるのです。

まじめな子どものゲーム依存

オンラインゲームやスマホゲームは「簡単にはやめにくい」ので、長時間化する傾向があります。ゲームに依存して昼夜逆転生活に陥り、結果的に不登校となったり、心身の健康に悪影響が出るケースも増えています。

ゲーム上で友達や仲間を作ると前述しましたが、こうした仕組みも長時間化のひとつの要因です。たとえば強いモンスターと闘うために10人のキャラクターが必要だったとします。キャラクター同士がゲーム上で作戦を練り、戦闘のための配置を決めたりして「一緒に戦う」ことになると、途中で自分だけやめる、勝手に抜けるというわけにはいきません。

特にまじめな子ども、責任感の強い子どもは、「仲間のためにがんばろう」という気持ちになりがちです。

私はゲーム依存になった子どもやおとなを、100人ほど取材してきました。あくまでも取材の範囲に限ったことですが、依存した人たちはすべてまじめでがんばり屋でした。

本来、まじめなこと、優しさやがんばりはすばらしい長所です。ところが、ネットの世界ではそれが裏目に出て、どんどん追い詰められてしまう場合が少なくありません。

ゲーム上で新しくできた友達全員と仲良くならなくてはという思いが強すぎて、送られてきたメッセージすべてに丁寧に返信します。相手のメッセージがたいした内容でなくてもスルー（やりすごす）できずに、一つひとつ律儀に対応することもあります。

当然ながら多くの時間を費やすので、勉強や睡眠など、自分の生活に影響が出てしまいます。疲れていたり、別の用事があったりしても、「対応しないと相手に悪い」という責任感から逃れられず、どんどん無理を重ねてしまうのです。

また、優しい子どもは、人に対する純粋な信頼感を持っています。これも本来はすばらしいものですが、ネット上では悪用されやすく、自分の個人情報を安易に伝えたり、相手の言うことをそのまま信じてしまったり、思わぬ被害を呼ぶ場合もあります。なんらかのトラブルに巻き込まれても相手との関係を絶ち切れず、かえってドロ沼化することもあるのです。

ゲームという名の頭脳戦

成績優秀だった中学2年生の少年は、たまたまはじめた戦闘系オンラインゲーム(注)で30人ほどの友達ができました。「友達」と言っても、大学生や社会人など年上の人が大半です。意外に思われるかもしれませんが、集団で同じゲームを楽しむ際、年齢や社会的な立場はそれほど関係ないのです。重視されるのはゲームのスキル、つまり同程度の実力があるかどうかです。

もともと勉強ができた少年は、ゲームを「攻略」するために必要なスキルもどんどん上達しました。一般的には知られていませんが、この手のゲームを進めていく上では、作戦や戦略、効率性といった「頭脳戦」が重要なのです。

たとえば敵の城を攻める場合、どんなキャラクターをどの場所に配置するか、どういう攻撃を仕掛けるか、効果的な武器の使い方は何か、事細かく作戦を練ります。現実の戦争の際、相手陣地の地形、戦闘員の数、戦闘能力などをあらかじめ把握するのと一緒です。

作戦や戦略を立てるためには、相応の能力や責任感、リーダーシップが必要です。中学生だった彼は仲間と作った戦闘グループの中では最年少でしたが、グループのリーダーに任命されてしまいます。

少年のゲームスキルもさることながら、「時間の融通が利く」という点があったからです。同じグループの社会人は仕事を持っていますし、大学生は学校とアルバイトなどで忙しい。一方、少年は中学生ですから、塾のない日は夕方に帰宅し、夏休みや冬休みなど長期の休みもあります。

忙しい仲間に代わって、彼らの分まで自分ががんばらなくては――そんな責任感から少年は一生懸命戦略を練り、チームに指示や伝達をするようになりました。すると、ますます仲間から頼られ、あてにされてしまうのです。

一方的に頼られるだけなら、イヤにもなるでしょう。ところが仲間は、「プレゼント」

をくれるのです。社会人はお金を稼いでいますから、課金でどんどん有料アイテムが購入できます。少年には買えないような特別なアイテムを、「○○へのお礼だよ。いつもがんばってくれてサンキュー」などと与えてくれるのです。

私のようなおとなから見ると、これも一種の「頭脳戦」で、少年が体よく利用されているように思えます。けれども、社会経験が未熟な子どもからすると、「仲間との絆」に感じられてしまうのです。

次第に勉強や睡眠、食事の時間さえ削ってゲームに没頭するようになりました。純粋な楽しさではなく、むしろ苦痛と感じられるようになっても、「仲間に頼られている」、「みんなの期待に応えなければいけない」、「裏切れない」、そんな思いでやめられないのです。

結果的に自分の生活はボロボロになりました。成績は急下降し、不登校に陥った挙句、高校進学もできずにひきこもってしまったのです。

実生活での能力、優秀だったり、誠実だったりすることが、ネット社会では思わぬ落とし穴になります。ゲーム依存と聞くと「遊び好きな子」、「ネクラ」、そんなイメージを持たれるでしょうが、私の取材経験では「まじめでがんばり屋の子どもが危ない」、そう感じられてなりません。

（注）戦闘系オンラインゲーム：インターネットでつながった参加者がグループを作ったり、敵や味方に分かれて戦いながらゲームを進行するもの。ゲームの種類によっては数百人単位の集団を構成し、メンバー同士がリアルタイムで交信する。

インターネットで変わる「お金の世界」

インターネットが変えた子どもの世界は、「学び」や「遊び」にとどまりません。お金という、本来子どもにとってなかなか自由にならないものが手に入るようになっています。

私たちの現実生活は、お金を得る、稼ぐために「働く」ことが当然視されます。会社員にせよ、自営業にせよ、労働の対価としてお金が支払われ、それが自分の生活を支えていくわけです。

一方で、すべてのお金が労働によるものとも言えません。宝くじに当たれば働かなくてもお金が手に入ります。親の遺産を相続した、不動産の家賃収入がある、株式投資で儲かった、こんなふうに労働とお金が直接結びつかない形もあります。

多くの人は、「楽にお金が手に入る」ことを夢見るでしょう。けれども、現実はそう簡単にはいかないという否定的な部分も持ちあわせています。夢は夢としてあっていいけれど、現実的にお金を得るためには働かなくてはならない、そんな価値観で日々生活していると思います。

ところが、インターネット上では「働かなくてもお金が手に入る」という仕組みができています。実際、多くの子どもたちがネットを利用した「お小遣い稼ぎ」をしているのです。

2016年2月、情報セキュリティ企業のデジタルアーツが『未成年の携帯電話・スマートフォン利用実態調査』を公表しました。同調査では、「ネット上でのお小遣い稼ぎ」について、調査対象となった子ども（小学4年生～高校3年生）の約3割が経験者と報告されています。特に高校生では、男子の約8割、女子の約7割に上っています。

さらに、ネット上で稼いだお小遣いの金額は、高校生男子で1ヵ月約9千円、高校生女子で約1万1千円となっています。

現実生活での高校生のお小遣い平均額は約5600円（金融広報委員会／2011年調査）ですから、その2倍ほどの金額をインターネット上で得ているわけです。

人気を集める「お小遣いサイト」

「ネット上でのお小遣い稼ぎ」と言われても、経験したことのないおとなにはピンとこないでしょう。高校生が1ヵ月に1万円前後のお金を得るにしても、パソコンやスマホから1万円札が出てくるわけではありません。

先の調査では、「どのような方法でお小遣い稼ぎをしているか」も報告されています。もっとも回答が多かったのが「ポイント交換（76・8％）」、次が「中古品の販売（12・6％）」、さらに「写真・動画の投稿または再生・閲覧（8・9％）」となっています。

ここでは8割近くの子どもが利用していると回答した「ポイント交換」について説明しましょう。

インターネット上には「ポイントサイト」や「お小遣いサイト」と呼ばれるものがあります。「モッピー」や「げん玉」、「ハピタス」など何種類ものサイトがあり、パソコンやスマホで会員登録をします。年齢制限のないサイトでは小学生や中学生も保護者の同意なしに登録できますし、誰でも「無料」で利用できます。

会員になると、サイト内にある各種のコンテンツを利用して「ポイント」を貯めることができます。たとえば企業のアンケートです。「塾のアンケートに答える」といった項目を選んで回答すると、50ポイントが与えられるような仕組みになっています。ゲームで遊んだり、ＣＭ動画を見たり、消費者モニターになって試供品を試したり、さまざまな方法でポイントを得ることが可能です。

このポイントが「換金」、つまりお金に換えられます。それぞれのポイントサイトによって換金レートは違いますが、たとえば「モッピー」であれば1ポイント＝1円に交換できます。３０００ポイント貯まったら３０００円に交換できるわけですが、必ずしも「現金」に換えるのではなく、銀行振り込み、ギフトカードや電子マネーとの交換などいくつかの方法を選択できるようになっています。

子どもがお金を手に入れる方法

子どもは銀行口座を持っていないか、持っていたとしても保護者が管理しているでしょう。そうなると、仮に３０００ポイントを換金したくても、銀行振り込みという選択はできません。

そこで、多くの子どもが利用しているのがギフトカードとの交換です。ギフトカードと

コンビニやスーパー、ドラッグストアなどでは各種のギフトカードが販売されている。

はいわば「商品券」のことですが、紙ではありません。コンビニなどで売られているプラスチック製のカードを目にした人もいるでしょう。アマゾン、楽天、iTunes、ＬＩＮＥ、WebMoneyなど、さまざまなギフトカードが売られています。

このカードには「ギフトコード」と呼ばれる番号がついていて、大切なのはこのギフトコードなのです。

仮に中学生の男の子が、ポイントサイトで３０００ポイントを貯めたとしましょう。「ポイント交換」から、ネットショップの最大手であるアマゾンのギフトカードを選択したとします。

すると、３０００円分のギフトカードが手に入るわけですが、カードそのものが自宅に送られてくるわけではありません。「コード」、つまり番号が通知され、その番号をアマゾンのサイトに入力することで３０００円がチャージ（入金）される仕組みです。

こうした方法を取ると、おとなにはまったく知られないうちに3000円が手に入ったと同じです。あとは自分の好きなマンガやCD、ゲームなどを自由に買うことができるのです。

アマゾンのようなネットショップを利用したことのある人は、ここで疑問を持たれるかもしれません。「でもアマゾンで買った商品は自宅に届くし、そうしたら結局は親にバレてしまうよね？」と。

ところが、アマゾンのようなネットショップでは「配達先を選ぶ」ことができるのです。自宅でなくても「近くのコンビニ」を指定し、商品を店頭で受け取れる仕組みです。男の子が3000円のゲームを買い、近くのコンビニで受け取る。そのゲームの封を切らずに、商品買い取りのお店に持って行って売れば、まさに「現金」が手に入ります。

一連の流れを整理すると、「無料」で会員登録し、ゲームで遊んだり、CM動画を見たりするだけでポイントが貯まり、それが「お金」になるというわけです。「タダで遊んで、お金がもらえるなんて超うれしい！」、そんなふうに話す子どもがたくさんいますが、実際には個人情報の流出といったトラブルも起きています。

そもそも、「遊んでいるだけでお金が手に入る」という仕組みが子どもの価値観にどんな影響をもたらすのか、私自身は大きな危惧を感じます。

おとなはどれくらい関心を持っているか

スマホゲームやお小遣いサイトなどの実態を取材すると、子どもの問題もさることながら、おとなの姿勢や社会の在り方により大きな問題を感じます。

たとえば学校の先生や教育委員会などの教育関係者です。全国各地でいろいろな先生に会いますが、そもそもこうした実態をほとんど知らないのです。

生徒指導の担当で、「うちの学校でも生徒のネットトラブルに困っています」と話される先生方が、「モッピー？　お小遣いサイト？　そんなのはじめて聞きました」と平然と言うのです。スマホゲームがあることは知っていても、どんなゲームが流行しているのか、なぜ子どもが夢中になるのか、全然関心を持っていない先生も少なくありません。

インターネットは苦手、スマホではなくガラケー（従来型の携帯電話）を使っているという先生もいます。苦手なこと、スマホを持っていないこと自体は問題ではありませんが、少なくともネット社会の現状に関心を持つ、自分でわからないならクラスの子どもに聞いてみる、定期的に情報収集してみる、その程度の努力はすべきではないでしょうか。

子どもに、「どんなスマホゲームで遊んでいるのか？」と聞き、ゲーム名を教えてもらったら、インターネットで検索することですぐに内容や遊び方がわかります。お小遣いサイトの仕組み、換金方法などを詳細に解説した「まとめサイト」などもたくさんあります。

自分で情報収集したり、子ども目線で考えることもなく、単に「ネットは危ない」、「スマホを使いすぎるな」と言っても、果たしてどれほどの説得力があるのでしょうか。

これは保護者も同様です。そもそも子どもにスマホを買い与えているのは親なのです。購入時には「どこの携帯電話会社が安いか」、「どんな購入方法がお得か」、「子ども向けの人気アプリは何か?」といったことに関心を持ち、あれこれと調べるでしょう。

今では18歳未満の子どもが契約する際、「フィルタリング機能」と呼ばれるアクセス制限の設定が義務付けられています。フィルタリングを設定することで、アダルトサイトや有害サイトに接続できなくなります。携帯電話各社ではフィルタリング機能について説明し、必ず保護者が設定するよう通知しています。

ところが、フィルタリングがよくわからないから設定しない、最初は設定したけれど解除した、そんな保護者が少なくないのです。内閣府の『平成27年度青少年のインターネット利用環境実態調査』によると、子どものスマホにフィルタリングを設定している保護者は約4割にすぎません。「子どものネット利用状況を把握している」のは約3割、「おとなの目の届く範囲で使わせている」のが約2割です。
これらの結果からは、親が子どものスマホ利用を管理できていない現状が浮かび上がります。

「わからない」で済ませるおとなたち

確かにネット社会の変化は激しく、次から次へと新しい利用方法が出現します。「自分にはついていけない」、「子どものほうが詳しいから何も言えない」、「わからないから子どもに任せている」、取材の中ではそんな声をたくさん聞きます。けれども、こうしたおとなの姿勢こそ問題だと私は思うのです。

前述したゲーム会社のビジネス戦略で言えば、「無料」ということにどんな背景があるのか、しっかり考えるのがおとなの役割ではないでしょうか。昔から「タダより高いものはない」と言うくらいで、そこには注意を促す警告や、冷静さを求める教訓が含まれているはずです。

知識や社会経験が未熟な子どもがこうした警告を読み取れないとしても、だからこそおとなが責任を持って向き合うべきでしょう。

ところが実際には、「買うだけ買って、あとは知らない」という保護者が少なくないのです。「うちの子は大丈夫」、そんな信頼感かもしれませんが、子どもを信じることと守ることは別問題でしょう。親が買った以上、親が責任を持って安全に使わせる。そのためにも親自身が学び、関心を持ち、積極的に情報収集してほしいのですが、現実にはここがすっぽり抜けているのです。

「中学生の息子がゲームばかりやって、食事中でもやめません」

「高校生の娘が誰かとメッセージ交換しているようで心配なんです」

「長女は小学3年生ですが、友達がスマホを買ったので、一緒に遊べるようにうちの子にも買ったほうがいいでしょうか」

私のもとには、保護者からのさまざまな声が寄せられます。心配な気持ちはよくわかりますが、あえて即答せず、まずはこんなふうに返しています。

「その件について、お子さんは何と言ってますか？　お子さんから詳しい事情や気持ちを聞いてみましたか？」

すると、「話を聞いても、ネットのことはむずかしくてよくわからない」、「子どもの言い分よりも、まずはすぐにゲームをやめさせる方法を知りたい」などと言うのです。

こうした親の姿勢――みずから学ぼうとせず、本当の意味で子どもの現状に理解を示そうとしないことが、実は子どもを追い詰めているのです。

たとえば、「ネットいじめ」です。ＳＮＳやネット掲示板、ネットゲーム上での悪口、暴言、根も葉もない噂に苦しむ子どもがたくさんいます。誰かに相談したい、助けてほしいと多くの子どもが思っています。

ところが、おとなの側はそうした実態を知らず、また積極的に知ろうともしません。要は「私にはよくわからない」で済ませてしまっているのです。

これでは、いくら子どもが相談したくてもできません。仮に相談したとしても話が通じず、現実的な解決策も示してもらえないでしょう。

残念ながらネット上では、たくさんのトラブルが起きています。次章ではその実態を明らかにし、子どものネット利用への関心と危機感を持ってほしいと思います。

第3章

深刻化するネットトラブル

「わかったつもり」が危ない

「仕事でパソコンもスマホも使っているので、ネット関連のことはよくわかってます」
「家族でＬＩＮＥやスマホゲームを利用しています。子どもともよく話をしているし、イマドキの事情はだいたい知ってますよ」
「私はフェイスブックもツイッターもやってますし、ＳＮＳについては子どもより詳しいくらいです」

小学生や中学生のお子さんを持つ保護者から、こんな言葉を聞くことがあります。30代、40代の方なら、ネットやスマホは「生活必需品」とも呼べるツールでしょう。毎日何度もツイッターに書き込んでいる、フェイスブックで仲間と情報交換している、日記代わりにブログをやっている、家族でＬＩＮＥのグループを作りメッセージ交換している――さまざまな場面で頻繁に利用する人もたくさんいます。

「ネットに詳しい」、「スマホは必需品」なのはもちろんいいことなのですが、「だから子どもの実態もよくわかっている」と考えるのは早計です。おとながわかったつもりのまま、おとな目線で子どものネット利用やスマホ事情を考えるとかえって危ないのです。

たとえば「つながり」です。フェイスブックやLINEなどのSNSで友達を作る、仲間と交流する、ここはおとなも子どもも共通です。けれども、その「友達」や「仲間」が、おとなと子どもでは大きな違いを生むことがあります。

まず、私たちおとながネット上でつながる友達、仲間とはどんな人でしょうか。職場が一緒、仕事上のつきあいがある、学校の同窓生、PTAで顔見知り、参加したイベントで知り合った、趣味のサークルやボランティアの仲間――こんなふうに多少なりとも「実生活でのつながり」を持つ人と「ネット上でもつながる」形が大半でしょう。

言い換えると、現実に相手のことを知らない、何かしらの対面経験や人物情報がない場合には、いくらネット上とはいえ、そう簡単に友達にはならないはずです。つまりおとなは、現実の人間関係の延長線上にネットでのつながりを持つわけです。

こういうおとなの視点で、子どもの「つながり」をわかったつもりになると、彼らの実態を見誤ります。子どもはおとなと違い、現実生活では知らない人、会ったこともない人と友達になるからです。

知らない人と友達になる理由

多くの学校では、インターネットやＳＮＳを利用する際の注意点を教えています。「掲示板に個人情報を書き込まない」、「心当たりのないメールに返信しない」、「知らない人と友達にならない」といったふうに、具体的な項目を挙げて指導しています。

ネットに詳しかったり、日常的にＳＮＳを利用する保護者にしても、「知らない人から友達申請が来ても、絶対に応じてはダメだよ」などと教えているでしょう。こうした指導を受けて、子どもの側も「知らない人とは友達にならない」と注意するようになっています。

ところが、実際には知らない人と友達になるケースが後を絶ちません。正確に言えば、進んでそうしたいと思っているわけではなく、いろいろな事情で友達になってしまうのです。

まず、「友達の友達」です。自分の友達が誰かを紹介してくる、「あなたも○○さんと友達になってね」と勧めてくるわけです。

中学生の女の子が５人でグループを作り、ＬＩＮＥで交流していたとしましょう。グループ内のひとりが、インターネット上で大学生の男の人と仲良くなったとします。大学生と友達になった女の子は、自分のグループのメンバーにも彼と友達になるよう求めてきます。

他のメンバーは大学生のことを知りません。会ったこともなければ、どんな人物なのか詳しい情報もわかりません。それでも、友達になるよう勧められると断れないのです。なぜ断れないのか、ひとつにはグループ内での「同調圧力」があります。要はみんな一緒にやる、同じ行動をしなくてはならない、そうしないとハブられる（仲間はずれになる）というプレッシャーです。

また、「ノリ」という要因もあります。「ネット上での関係だけなら、ま、いっか」と考えるのです。これには簡単に友達になれるという仕組みも影響しています。

たとえばＬＩＮＥでは、互いの名前や携帯番号などを知らなくても、「ふるふる」、「ＱＲコード」などの方法で友達になることができます。「ふるふる」は近くにいる人同士が自分のスマホを振りながら通信すること。「ＱＲコード」なら、画面に表示された自分の二次元バーコードを相手のスマホで読み取ってもらいます。

中学生が高校や大学の文化祭に行く、部活の遠征先で他校の生徒と会う、ライブやコミケ（コミックマーケット）などのイベントに参加する、こうした場でたまたま一緒になった相手でも簡単に友達登録できるのです。

さらに、「友達の輪が広がることを良しとする風潮」もあります。フェイスブックに登録されている友達やツイッターのフォロワー（自分の書き込みを読んでくれる人）が何人いるか、ＬＩＮＥのグループにどれくらい参加しているか、こうした「数」が多ければ多いほど「すごい」とみなされる傾向があるのです。

おとなの社会であれば量より質で、それこそ「友達は選びたい」と慎重に判断する人も多いでしょう。一方子どもたちは、「とりあえず友達」という感覚で他人とつながり、「みんなやってる」と軽いノリで行動してしまうのです。

「友達商法」のわな

安易に他人とつながることがどんなトラブルをもたらすか、実際の例を挙げてみましょう。

あるアイドルの大ファンの女の子がいたとします。インターネット上のファン専用コミュニティサイトで情報を集めたり、コンサートやイベントの告知をチェックしたりします。こうしたサイトの一部には、ファン同士の交流の場が設けられています。「○○君のファンの人、集まれ〜」といった感じで、活発な情報交換が行われます。「○○君の目撃情報」とか、「○○君がこっそり通うお店」、「○○君が喜ぶバレンタインプレゼント」、こんなふうに内輪のクチコミ情報がたくさん載っているのです。

互いの本名や住所を知らなくても、「○○君のファン」という共通項があります。コンサートに行った人から会場の様子を教えてもらう、サイン会の写真を見せてもらう、こうした交流をつづけるうち自然と仲良くなります。

単に仲良くなるだけならいいでしょう。ところが、相手に求められるまま個人情報を教えてしまう子どもも少なくありません。進んで教えたわけではなく、巧妙に誘導されるのです。

「○○君が出演するテレビ番組の公開収録があります。限定5名で収録に参加できるので、希望者は明日までに連絡ください」

「特別なファンだけが招待されるプレミアライブ情報です。本当は絶対秘密なんだけど、今回だけは特別！　招待状がほしい人は、このチャンスを逃さず申し込んでね」

こうした呼びかけ、「限定」や「特別」などという誘い文句に応じたらどうなるでしょうか。

まずは、自分の個人情報を相手に伝えてしまいます。「招待状を送るために、あなたの名前や住所、電話番号を登録する」と言われ、疑いもなく信じるのです。

個人情報を伝えたあとで、高額のチケットを買うよう要求されます。「買えない」と断ると、嫌がらせのメールを何度も送りつけられたり、自分の名前や住所が悪用されたりするのです。

私が取材する中高校生の中には、「アイドルの秘密を教える」、「特別ゲストが来るファンミーティングがある」といった誘いを受け、詐欺や誘い出しなどの被害に遭った子どもが複数います。ファン同士だから、仲良くなったから、そんな安心感につけ込まれ、結果的にトラブルに巻き込まれるのです。

「友達」を騙《かた》った悪質な商法は、物理的な被害もさることながら、精神的なダメージが大きいのです。信じたのに裏切られた、気づかないうちに被害を受けていた——そんな経験が子どもの心に与える影響は見過ごせません。

「友達」を利用してお金を稼ぐ

前章で、「お小遣いサイト」について解説しました。無料で会員登録し、ＣＭ動画を見たりアンケートに答えたりすることで「ポイント」が貯まり、そのポイントが換金できるというものです。

こうしたサイトでは、「友達紹介」というシステムが作られています。たとえばお小遣いサイトを利用しているA子さんが、B子さんに会員になるよう勧めます。実際にB子さんが会員になると、A子さんにポイントが与えられる仕組みです。

「友達紹介キャンペーン」といって、期間内に誰かを会員に誘うと、1人の紹介につき500ポイント、つまり500円をもらえるサイトもあります。仮に10人の友達を会員にしたら、勧誘した人は5千円を手にできます。実際にどうやるのか、取材した女子高校生の例を挙げてみましょう。

当初はリアル、つまり現実生活でつきあいのある友達に向けて、「お小遣いサイトやらない?」と勧誘していました。同じクラス、部活動や塾の友達、小中学校時代の仲間などです。もっともこうした方法では、勧誘できる人数に限りがあります。そこで彼女が取った手段はブログです。

まずは、もともと好きだった某アイドルグループに関する情報を日々レポートするようにしました。テレビ番組出演情報とか、イベント告知とか、ファンミーティングの様子などを書くと、興味を持った人たちが記事を読んでくれます。

こうした記事の中に、「ライブのチケット代、実はタダで手に入れたんだよ」、「なんでタダなの？って思った人！　私と友達になってくれたら、スグに秘密を教えます」などと書くのです。「秘密」というのが、実はお小遣いサイトへ勧誘するための情報です。

こんなふうに、自分のブログやSNSなどを通じて誰かを取り込むことを「釣り」と言います。友達作りが目的ではなく、友達になるふりをして相手を誘い、自分のお小遣い稼ぎに利用するのです。

前述したように、勧誘された人がお小遣いサイトに新規会員として登録すればポイントがもらえ、貯まったポイントは換金できます。さらに、紹介した新規会員がサイトを利用すると、その利用頻度に応じて自分にもポイントが加算されるのです。

一種のネットワークビジネスのようなもので、友達紹介をすればするほどお金になるという仕組みができています。子どもにとっての「友達」が大きく変わり、本来の意味するところから逸脱したものになりつつあります。

お金に敏感な子どもたち

今の子どもたちは、良くも悪くも「お金」に敏感です。無料で利用できるアプリ、タダで遊べるゲーム、お金を払わずに得られる情報、こうした環境に慣れているため、有料に対してはシビアです。

コンビニで売られている雑誌が1冊500円、一方ネットでは「100種類の雑誌が1ヵ月500円で読み放題」だとしたら、迷わず後者を選択するでしょう。お金を払う場面ならより安く、よりお得な方法が当然視されます。

その反面、お金を使うこと、お金があることへの願望も非常に強まっています。社会全体が経済的に沈滞ムードですから、誰しも金銭の不安や欲求は否応なく高まります。「下流」や「負け組」、「老後破産」などという言葉は子どもの不安をいっそう駆り立て、お金に対する欲求を強くしています。「お小遣いサイト」のような仕組みが成立するのは、まさにそうした欲求がベースにあるからとも言えるでしょう。

また、今の子ども社会では実際にお金がかかるのです。たとえば友達と遊びに行くという場合、「コーデ（コーディネートの略）」といって、どんな服を選んで着ていくか、まずここに気を遣わなくてはなりません。

私が取材した女子中学生は、同級生数人と花火大会に行く際、「みんなで浴衣《ゆかた》で行こう」となりました。彼女は浴衣を持っていなかったので、お母さんに頼んで浴衣セット（浴衣と帯）を買ってもらったそうです。

ところが、その件をLINEで報告すると、仲間からは意外な反応がありました。浴衣というコーデに応じた履物、和装用のバッグやアクセサリーを「買ったの？」と尋ねられたのです。

みんなは買っている、だったら自分も買わなくては、そう思ってお母さんに再び頼んでみたところ、「家にあるものを利用しなさい」と言われてしまいました。わざわざ和装用の品を買わなくても、普段使いのサンダルやバッグで十分だ、というわけです。

お母さんの言うことはもっともですが、当の中学生は困りました。「みんな一緒」、つまり同調圧力の中で自分だけ「コーデができない」のは恥ずかしい、そんな思いに駆られます。

自由に使えるお金さえあれば、もっとお金がほしい、お金があればなんでもできる、こんなふうに考える子どもは驚くほどいます。そして、こういう子どもの気持ちにつけ込んだビジネス、正確には「不適切なビジネス」が横行しているのです。

「コギャル」から「JK」へ

1990年代、「コギャル」という言葉が流行しました。制服のスカートを極端に短くして、ルーズソックスというダブついた独特の靴下を履き、渋谷や新宿などの繁華街を闊《かっ》歩《ぽ》する女の子たちの姿を思い出される方も多いでしょう。

コギャルとは「高校生ギャル」の略語です。現役の女子高校生であることを「ウリ」にして自分の下着を販売したり、性的なサービスをすることを指して「援助交際」なる言葉も生まれました。ちなみに、コギャルは死語ですが、援助交際は「エンコー」などと言い方を変え、今でも使われています。

当時のコギャルはポケベルや携帯電話を使いながら、援助交際の相手を探したり、双方でコミュニケーションを取っていました。同じころ、私はコギャルという言葉を生み出した週刊誌の編集部で働いていたので、彼女たちへの取材もずいぶんと経験したものです。

コギャルと呼ばれる女の子たちは、ものすごい〝遊びっぷり〟でした。学校帰りのカラオケはあたりまえ。休日には友達と買い物に出かけ、ファッションビルで最新の服やブランド物のアクセサリー、「かわいいグッズ」を山ほど購入するのです。ヴィトンやシャネル、グッチなど高級ブランドのサイフやバッグを持っている子もたくさんいました。

そうした出費の原資は、援助交際で得たお金でした。「売れるものはなんでも売る」と豪語する女の子も珍しくありません。使用済みの下着、実際に使ったリップクリームや汗を拭いたハンカチ、なかには唾を容器に入れて売っている高校生もいたくらいです。

携帯電話で連絡を取った相手と待ち合わせ、「一緒にプリクラを撮ったら1000円」

とか、「手をつないで散歩したら２０００円」などと、「料金表」を用意しているようなケースもありました。

　使用済みの下着や汗を拭いたハンカチが売り物になるというのは、そういう品をほしがる相手、喜んで買ってくれる人がいるわけです。もちろんこうした行為は許されるものではありません。各地に青少年保護条例ができたり、児童福祉法や児童ポルノ法などの法律で取り締まられるようになりました。

　こうした現象は一見したところ下火になったようですが、実際には言葉や形式が変わっただけで、まったくと言っていいほど下火にはなっていません。むしろ、インターネットのコミュニティサイトやＳＮＳなど外からは見えにくい方法で、新手のビジネスが横行しているのです。

　それは「ＪＫビジネス」と呼ばれています。「ＪＫ」とは「女子高校生」の略、インターネット上には「ＪＫ専用掲示板」や「ＪＫコミュニティ」、「ＪＫ広場」など数えきれないほどの関連情報が掲載されているのです。

ＪＫビジネスとは？

インターネットで「ＪＫ」という言葉を検索すると膨大な情報が提示されます。女子高生同士が本来の意味で交流するサイトや、女子高生限定の情報提供をするサイトも多数ありますが、一方で女子高生をビジネスのターゲットにしている場合も少なくありません。たとえば「女子高生向けの高時給アルバイト情報」です。

通常、高校生のアルバイトと言えば、ファーストフード店などの飲食店、スーパーやコンビニのレジ係といった働き方が一般的でしょう。勉強や部活動など学校生活に支障のない範囲で働けますが、こうした働き方ではそれほどお金にはなりません。

前述したように、「お小遣いサイト」などを利用してインターネット上で得る金額は、高校生男子で１ヵ月約９千円、高校生女子で約１万１千円です。汗水流して働かなくてもこれだけのお金が手に入る今、より簡単に、より多くのお金を手に入れたいと思う子どもたちも増えています。

こうした心理につけ込むように、インターネット上には「女子高生限定。簡単、誰でもできる高時給アルバイト」といった言葉が散見されます。自分のほうからアルバイトを探さなくても、日頃利用しているＳＮＳやゲーム、情報サイトなどに掲載されている「バナー」から誘導される場合もあります。

「バナー」とは垂れ幕の意味で、表示されている画面の隅、下部などに自動的に表示される広告のことです。たとえばスマホで無料動画を見ているとき、画面の下に「今だけ、超おススメのアルバイト情報」といった文字が表示されます。その部分をタップ（指で押す）すると、「超おススメのアルバイト情報」を紹介しているサイトが開くようになっています。

一般的な高校生向けのアルバイトが表示される場合もありますが、そういう類のものなら「超おススメ」というほどではありません。「超おススメ」するからには、たくさんお金が稼げるとか、短時間で効率よく働けるといった魅力をアピールする必要があります。

一方、魅力的なアルバイトに就ける条件として、「女子高校生＝ＪＫ」であることが求められるのです。

こんなふうに、ＪＫという立場を利用してたくさん稼ぐ、あるいは働かせることを「ＪＫビジネス」と言います。

「簡単、誰でもできるアルバイト」の裏側

ＪＫビジネス関連のあるサイトには、次のような言葉が並んでいます。


〈女子高生ツアーガイト大募集！　今だけ限定の高時給〉

【お仕事内容】

東京都内の各地にお客様を案内し、楽しい時間を過ごしてもらうためのツアーガイトです。お仕事マニュアルがあるので、誰でも簡単に働けます！

【時給】

今だけ限定の高時給を保証します。１日３時間のツアーガイドで２万円以上稼いでいる女の子多数！

【条件】

首都圏在住の女子高校生限定。履歴書不要。面接日はあなたの都合のいい日に設定できます。また、個人情報が流失することは絶対にありません。

【このアルバイトの特徴】

完全自由出勤。1週間に1日でもOK。空いている時間を使って、短時間でかしこく稼いでください♪

当社は芸能事務所と提携し、各種モデルとして活躍したり、アイドルデビューしている女の子が多数います。ツアーガイトを経由して、次の夢へとステップアップしてください。なんでも相談できる優しいスタッフ、明るいキャストがいっぱいです。少しでも心配なことはいつでもご相談ください。

【当社のアピールポイント】

当社は風俗産業ではありません。法律を順守し、営業許可を受けています。強引な勧誘や契約違反等は一切ありません。アルバイトの方の意思を最優先し、大切なビジネスパートナーとして尊重しています。

テレビなどで報道されている悪質業者にご注意ください。当社は優良事業者として認定されています。絶対安心、安全を保証します。


いかがでしょうか。一見したところ、「ここなら安心」と思えるような文言が並んでいます。「芸能事務所と提携」、「優しいスタッフ、明るいキャスト」、「優良事業者として認定」などのアピールも目立ちます。

おとなであれば、「話がうますぎる」と不審に思うかもしれません。しかし、こうした募集広告を見るのはＪＫ、つまり女子高生です。社会経験が未熟な上、そもそも「お金がほしい」と思っている女の子なら、「絶対安心、安全を保証する」などの言葉をそのまま信じかねません。

むろん、こうした美辞麗句の裏には深刻な問題が潜んでいます。どんな問題があるのか気づかないうちに、そこに陥ってしまう女の子も少なくないのです。

ＪＫお散歩

先のアルバイト広告で示されている「ツアーガイド」とは、実際には「街を散歩する」という意味です。女子高生がお客さんと一緒に散歩するので、「ＪＫお散歩」と呼ばれます。いろいろな形態がありますが、ここでは一例を挙げてみましょう。

利用客（男性）は、運営会社のホームページ上で利用時間や好みのタイプ（場合によっては指名）などを指定します。クレジットカードや代金振り込みなどの方法で料金を支払うと、「お散歩」の申し込みは完了です。会社側は客の要望に応じて、女子高生を「待ち合わせ場所」に派遣します。

待ち合わせ場所はあらかじめ「ファッションビルの前」などと決められていて、女子高生は指示通りお客さんと会うわけです。ちなみに、一連の連絡手段としてＬＩＮＥやツイッターなどが使われます。こうした方法で女子高生を客に引き合わせることを「無店舗型」と言います。

アルバイトの女子高生と会社側は、ＳＮＳで随時メッセージ交換ができる仕組みになっています。

女子高生〈今、お客さんと会えました〉

会社〈了解です。お散歩よろしくお願いします〉

こんなふうに状況が管理され、ネットを通じていつでも相互連絡が可能なのです。「お散歩」と言っても、単に街をぶらぶら歩くだけではありません。「オプション」と呼ばれる別料金のサービスがあるのです。「手つなぎ」、「相合傘」、「プリクラ」、「カラオケ」、「食事」、「なでなで」、「お手紙」などのサービスがあり、それぞれに料金が設定されています。

たとえば「手つなぎ」ならお互いに手をつないでお散歩することを指し、料金は１００００円。「なでなで」は女子高生が客の頭や顔をなでてあげるという意味で、料金は２０００円です。利用客がオプションを追加すると、その都度女子高生から会社側にメッセージが送られ、「遠隔管理」ができるわけです。

ちなみに「ＪＫお散歩」は現在、青少年保護条例や客引き禁止条例などで規制され、そこで働く女の子も補導の対象になっています。だからといって、類似行為がなくなることは残念ながらありません。

お散歩の代わりに、女子高生とおしゃべりを楽しむ「コミュニケーションスペース」や、女の子が占いをしたり、悩み相談に乗ってくれる「ＪＫお悩み相談室」など、あらたな形態が続々と生まれています。

警視庁の調査では、これらのＪＫビジネスの店舗が東京都内だけで１７４店（２０１６年１月）も確認されています。また、同じく警視庁が東京都内の中学生、高校生５１５人を対象に実施した調査では、63％にあたる３２４人が「ＪＫビジネスを知っている」と回答。このうち約15％の女の子は、「実際に働いている子を知っている」と答えています。

スマホという名の見えない世界

「ＪＫ」をウリにすればたくさん稼げるという背景には、子どもをビジネスの対象にする社会の問題があります。また、こうしたアルバイトが成り立つ仕組み、応募するのも、お客さんと会うのも、スマホやネット環境があれば簡単にできてしまいます。

むろん、ＪＫお散歩に限った話ではありません。場合によっては女子中学生＝ＪＣが年齢を偽った上でアルバイトに応募することもできますし、「お散歩」や「オプション」以上の行為に進んでしまうこともあります。

このような実態を紹介すると、たいていのおとなは「でも、そんなことをするのは少数派。うちの子は大丈夫」と思いたくなるでしょう。私も子を持つ親として気持ちは十分わかりますが、残念ながら大丈夫と言える状況ではありません。

なぜなら、子どもがスマホを利用して収集する情報や接する相手を、外側から把握することがむずかしいからです。スマホを通じてどんな人間関係が広がっていくのか、おとながどれほど注意を払っても完全には見えません。むしろ、見えない部分が大きいのがスマホの世界です。

おとなの目が届かないところでは、子ども自身がよほどの自覚を持ち、常に用心する必要があります。ところが、当の子どもは、具体的に何を気をつければいいか、どんなトラブルに巻き込まれる可能性があるのか、ほとんど教えられていません。

そもそも「ＪＫビジネス」という言葉さえ知らないおとながたくさんいます。高齢の方ならともかく、パソコンやスマホを駆使している子育て中の親、学校の先生、行政関係者もほとんど知りません。

知らないのですから、そこにどんな危険性があるか、子どもに教えられるわけがないのです。子どもたちは正しい知識や適切な指導もないまま、いわば教習も受けずにいきなり車を運転しているようなものです。おとながどんなに「大丈夫」と思っても、その認識の甘さがかえって危険だと言わざるを得ません。

さらに問題なのは、子どもをビジネスのターゲットにするための巧妙な仕組み、綿密に計算されたビジネス戦略です。先のＪＫビジネスで挙げた「女子高生ツアーガイド大募集」の広告でもわかるように、子どもの欲求や願望を利用し、巧妙に誘導する仕組みができています。スマホという「外側からは見えない世界」で、子どもはこうした仕組みとダイレクトに向き合ってしまいます。

優しいお姉さんと楽しい仲間

子どもたちを取材していて痛感するのは、「誰かに認められたい」、「理解してくれる人がほしい」という思いの強さです。親や先生が彼らを肯定し、しっかりと支えていれば問題ないでしょうが、現実には否定的な言葉、無理解や無関心という場合が少なくありません。

「話を聞いてほしい」と思っても、「忙しい」と相手にしてもらえない。たとえ話を聞いてもらえても、「こうしろ、ああしろ」と一方的に仕切られたり、自分の言葉の何倍もの説教が返ってくる――こんなふうに訴える子どもがたくさんいます。

とはいえ、親や先生とはそういうものだと、私は思います。無理解であっていいというのではなく、子どもに期待しすぎたり、大事に思うあまり、結果的にありのままを受け止められないのです。

親と子、生徒と先生の間に生じるズレは、別の人間関係で埋め合わせればいいでしょうし、実際にそういう方法が長く取られてきました。たとえば祖父母が話を聞いてくれる、近所のお兄さんが相談に乗ってくれる、幼馴染に助けられるというふうに、多様な人との関わりの中で子どもは自己肯定感を得てきたのです。

ところが、地域や人間関係が希薄化した今では、そう簡単に「受け止めてくれる人」は見つかりません。おとな自身が「近隣の顔も知らない」、「親戚づきあいがない」、「会社の人を家に呼んだことがない」と身近なつながりをなくす現状では、子どもはそれ以上に居場所を持てないでしょう。

こうした子どもの現実もまた、「不適切なビジネス」に利用されています。わかってくれる人がほしい、自分を支えてくれる仲間を作りたい、こんな子どもの思いにつけ込むように巧妙に計算された仕組みがあるのです。

一例を挙げれば、「優しいお姉さん（場合によってはお兄さん）と楽しい仲間」です。いったい何のことか、取材例に基づいて説明していきましょう。

ふつうの女の子が勧誘されるとき

東京都内に在住する真奈美さん（仮名）は、現在18歳の高校3年生です。中堅の都立高校に通い演劇部に所属、ファッション系の専門学校への進学を目指しています。会社員の父親、飲食店でパートをする母親、中学生の妹と弟の5人家族で暮らし、一見するとごくふつうの女子高生です。

そんな彼女は16歳から17歳の1年間、「JKビジネス」でアルバイトをしていました。仕事の内容は「コスプレ」で、アニメやゲームなどの登場人物を模した服装をすることです。マンションの一室で撮影会をしたり、お客さんとカラオケに行ったり、インターネットでビデオ通話をするといった内容です。

演劇部に所属していた真奈美さんはコスプレに抵抗はなかったと言いますが、そもそもこのアルバイトをはじめたきっかけは「コスプレーヤーとしてスカウトされた」からでした。コスプレーヤーとは、コスプレをする人、という意味です。つまり真奈美さんは「あなた、コスプレをやってお金を稼いでみない？」と誘われ、その勧誘に乗ったというわけです。いったいなぜこういう事態になったのか、時系列に沿って書いてみましょう。

都立高校に入学後、真奈美さんは近所のフードコートでアルバイトをはじめました。軽食やソフトクリームなどを売る仕事で、学校の許可も得ていました。時給は８００円で1ヵ月の収入は2万円ほど。高校生のお小遣いとしては十分な額でしょうが、友達と外食したり、好きな洋服を買ったりするとたちまちなくなってしまいます。

そんなとき、アルバイト先で知り合った他校の生徒から、「稼げる仕事が見つかるサイトがある」と教えられたそうです。それは、ＪＫ専用の求人紹介サイトでした。

早速サイトを見てみると、「現在登録中の女子高生2万人」、「本日の新規登録１５０人」と表示されます。「アイドル」、「読モ（読者モデル）」、「撮影会」、「ゲームキャスト」、「コスプレ」、「ツーショット」、「カラオケ」、「観光案内」などとジャンル別に求人があり、実際にアルバイト中という女の子の写真やコメント、ブログが載っています。

真奈美さんは「怪しいなぁ」と思い、最初のうちはサイトを閲覧するだけでした。ところが何度か見るうちに、サイトで紹介されている女子高生の明るさ、楽しげな様子に惹かれるようになったのです。

ある女の子はこんなふうに書き込んでいました。

〈なんかヤバイ仕事じゃないか、って思ってる人！　だよね、私もそう思ってたの。そういう人のほうが絶対にいいと思うよ。世の中、JKをだます悪いヤツがいるからね。でもここのサイトは匿名で応募できるし、しつこい勧誘は一切ナシ。個人情報が漏れる心配がないから安心してバイトできるよ。スタッフもみんな優しいし、いろんな高校に通うコと友達になれて毎日メッチャ楽しい～♪〉

こうした書き込みを読むうち、真奈美さんは「本名がバレなければいいかな」、「匿名で登録だけでもしてみよう」という気持ちになりました。ちなみに登録は無料、サイト内で指定された項目を書き込んでいくだけです。

「モモ」という匿名を使い、自分の年齢やメールアドレス、趣味、学校では演劇部に所属しているといったプロフィールを記入しました。すると、「モモさん、ぜひご紹介したいお仕事があります」というスカウトメールが送られてきたのです。それが、「コスプレ」の仕事でした。

子どもを巧妙に取り込むおとなたち

真奈美さんに提示されたアルバイトの条件は次のようなものでした。

【完全自由出勤　都合のいい日、あいている時間にお仕事するだけでＯＫ】

【最低時給３０００円保証。特別キャンペーン時には時給プラス感謝ボーナスも出ます】

【演劇部のモモさんならではの演技力を生かして、かわいいヒロイン、モテキャラ（モテる役柄）になってください】

【親切で優しいスタッフがモモさんの夢を全力応援します。コスプレーヤーとして羽ばたきましょう】

スカウトメールを目にした真奈美さんは、この時点でも「やっぱり怪しいなぁ」と感じていたそうです。面接日を調整するという連絡もありましたが、実際に面接を受けてしまうと断れなくなる気がして返信しないままでした。

ところが数日後、登録したサイトから再びスカウトメールが送られてきたのです。

【１日限定のキャスト緊急募集。この日だけのお仕事で、しつこい勧誘は一切ありません。３時間で１万円の撮影会モデルです。お仕事現場は女性スタッフが完全マネージメント。

はじめての女の子、不安な女の子でも大丈夫。優しい女性スタッフが全力でサポートします♪】

真奈美さんは「女性スタッフ」という言葉にビックリしました。ＪＫビジネスを仕切るのは男性、それもちょっと怖そうな男性だと思っていたからです。

1日だけ、しかも女性スタッフがいてくれるなら安心だ、そう思った真奈美さんはこのアルバイトに応募します。当日、指定された撮影会の場所は繁華街近くのマンションの一室。恐る恐るドアホンを鳴らすと、20代前半くらいの女性3人がにこやかに迎えてくれました。この女性たちが「優しいスタッフ」というわけです。

1日だけのアルバイトは簡単に終わりました。撮影会に集まったお客さんは10人ほど、アルバイトの女の子は真奈美さんを含め4人で、アニメの服などをコスプレしてポーズを取るだけです。

約束の1万円を現金で受け取り、女性スタッフや他のアルバイトの女の子とお茶を飲みに行きました。まるで「女子会」のノリで楽しく会話し、ＬＩＮＥの友達登録をするころには、真奈美さんの「怪しい」という思いはすっかり消えていたそうです。それどころか、こんなに簡単にお金を稼げる方法があったんだ、と感激したと言います。

こうして真奈美さんは、ＪＫビジネスに足を踏み入れました。女性スタッフはアルバイトの女の子たちの出勤スケジュールを調整したり、恋愛相談に乗ったり、着替えやメイクを手伝ってくれたりと、まるで「優しいお姉さん」のようでした。

実はこれこそが巧妙なビジネス戦略なのです。いかに子どもをうまく取り込むか、じょうずに勧誘して働かせるか、綿密に計算されているのです。

子ども側が「お金がほしい」とか、「たくさん稼ぎたい」と思っていたとしても、一方には「怖そう」、「怪しい」という気持ちが当然あります。そういう不安を逆手に取るように、あえて優しいお姉さんを配置し、彼女たちの心をコントロールしていくのです。

むろん、「優しいお兄さん」ということも少なくありません。異性ならではは言葉や態度、たとえば「おまえ、ほんとかわいいヤツだよ」、「今までいろんな女の子を見てきたけど、きみは最高だ」、「みんなに内緒でつきあいたい」、そんな甘言で女の子を取り込みます。

さらに、アルバイトの女の子に「受験勉強を教える」とか、「ご飯をごちそうする」といったサービスを用意しているJKビジネスも存在します。スタッフや店長、経営者が「有名大学卒業」とのふれこみで、アルバイトの女の子の宿題を手伝ってくれるのです。

こんなふうに居場所やつながりを提供することで、女の子たちは「恩」を感じてしまいます。親切にしてくれるのだからがんばらなくては、支えてくれるスタッフや一緒に働く仲間を裏切れない、そんな心境に陥っていきます。

いわば心理的にコントロールされると、スタッフから過剰なサービスや性的な「オプション」を勧められても断りにくくなります。こうしてＪＫビジネスが成り立っていくのです。

先の真奈美さんも1年間のアルバイト中、性的な行為を経験しています。下着姿の写真を撮られたり、無理やりキスされたり、性器を露出するような客の相手もしたそうです。彼女はそういう自分を「ヤバイ」と感じ、なんとかＪＫビジネスを辞めました。真奈美さんにように抜け出す女の子の一方で、あらたにスカウトされる女子高生も少なくないのが現状です。

低年齢の子どもも狙われる

前述したように、今の子どもたちは「誰かに認められたい」、「理解してくれる人がほしい」という強い思いを持っています。ところが現実生活では、親や先生以外のおとなとのつながりが容易に持てず、自分を肯定してくれる人間関係に乏しいのです。

そういう子どもたちが、「○○ちゃん、すごいよね」、「かわいい」、「よくがんばってる」などと言われたらどうでしょうか。誰しも自分を褒められることはうれしいものですし、社会経験が未熟な子どもであればなおさらです。こうして、ふつうの子どもたちが不適切な環境に取り込まれていきます。

ここで紹介したのは女子高生のケースですが、もっと年齢の低い中学生や小学生の女の子が巻き込まれることもあります。たとえば「ジュニアアイドル募集」などというサイトでは、10代前半の女の子をモデルやアイドルとしてスカウトしています。

この手のサイトでは最初から「スカウト」を打ち出すのではなく、まずは占いやゲームといった別のサイトを入り口にします。

仮に中学生の女の子が、インターネットで「無料占い」を体験したとしましょう。生年月日を打ち込むと、「あなたの運勢は、これから1年間が絶好調です。特にこの数カ月は、ビッグチャンス到来！　いったいどんなチャンスが訪れるのか、さらに詳しく知りたい人は会員登録してください」といったメッセージが送られてきます。

絶好調、ビッグチャンス到来などと言われると、具体的にどんな内容なのか知りたくなります。こうして会員登録すると詳しい占い結果が表示され、「あなたはアイドルの素質に恵まれ、天性の才能を持っています。まずは無料のオーディションを受けませんか？」などと誘われるのです。

「オーディション」と言っても、自分のスマホで自撮り（自分で自分を撮影すること）した写真を送信するだけ。スマホを持っている子どもなら、誰でも簡単にできてしまいます。

写真を送ると「合格」が通知され、今度は芸能プロダクションに登録するよう勧められます。その際、名前や年齢、メールアドレス、住所や電話番号といった個人情報を求められます。

「合格」を喜ぶ子どもは安易に個人情報を送信しがちですが、実は全員が合格し、スカウトされる仕組みです。子どもの年齢が低かったり、親に内緒で進めていたりすると、こうしたからくりは見抜けません。

自分の情報が相手に筒抜けになっている自覚もないまま、やがて「プロカメラマンによるカメラテストを受けに来てください」といったメッセージを受け取ります。カメラテストを受けに行くと、体操服や水着、アイドル風の洋服などに着替えさせられ、何十枚も写真を撮られます。

子どもの側は「カメラテスト」を信じて疑いませんが、実際にはこうした写真が「ＪＣ（女子中学生）のレア水着写真」、「体操服でギリギリポーズ」などという触れ込みで、インターネット上に公開されているのです。

男の子や地方在住の子も危ない

地方で取材や講演をすると、「このあたりは田舎だから、ネットの問題は関係ない」、「奥手の子ばかりだし、変なお店や会社もないから大丈夫」などという声を聞きます。地元の子どもを信じたい、地域の安全に自信があるというお気持ちはわかるのですが、インターネット上では都会も地方もまったく関係ありません。

第1章でインターネットを介した「無料通話」について説明しました。電話だけでなく、テレビ電話のように互いの顔を見ながらの会話もできます。こうした仕組みを利用し、地方の子どもが「ライブモデル」になっている例もあります。

「ライブモデル」とは、パソコンやスマホを使ってテレビ電話のように誰かと会話する仕事です。インターネット上で運営会社に登録、自分のプロフィールや自撮り写真を送ると、「3月10日、21時から30分間の会話できますか?」などと指示が届きます。

指示された時間、パソコンやスマホの画面の向こうには「年頃の女の子と会話したい」というお客さんがいます。単に会話だけで済む場合もありますが、「エッチな恰好して」とか、「キミの裸が見たい」といった要求も少なくありません。

当の子どもにしたら、「エッチ」や「裸」に当然抵抗があります。ところが、「顔が映らない」という仕組みも用意されているのです。たとえばスマホのカメラを「胸」にズームアップして固定すれば、いわゆる「顔バレ（顔が写って自分の正体がバレてしまうこと）」しないわけです。実際に「顔が映らないので安心！」と宣伝する業者もあります。

最近では、男の子が勧誘されるケースも増えています。これも入り口はゲームや交流サイトです。たとえばネットゲームを通じて知り合った年上の男性にレアアイテムを譲ってもらったり、攻略法を教えてもらったりと何かと親切にされます。

相手を信用したところで「一度リアルで会おう」などと誘われ、実際に会うとそこでもまた親切にされるのです。ご飯を食べさせてもらう、ネットカフェに連れて行ってもらう、好きなコミックを買ってもらうというふうに、まるで「優しいお兄さん」ができたような心境になります。

やがて「優しいお兄さん」から不適切なアルバイトを紹介されたり、性的な行為を強要されます。断ろうとすると、「個人情報をすべてばらす」、「今までのやりとりは記録されている」などと脅されるのです。

思春期の男の子は、自分の悩みを親や先生に相談しない場合が少なくありません。誰にも助けを求められないまま、ひとり苦しむ子どもも潜在的には相当数いるでしょう。

子どもと「自撮り」

第1章で、「おとなはお品書き、子どもは写真入りメニュー」と述べました。レストランで料理を注文する際、おとなは文字だけのお品書きでもだいたいの内容が想像できます。一方、子どもは「写真」を見ないと、どんな料理なのかわからず注文できないというものです。写真というダイレクトな表現、視覚で把握できるほうが今の子どもの感性にはピタリとはまります。

こうした子どもたちがスマホを手にすることで、写真やビデオなど画像をめぐる環境、使い方や楽しみ方は大きく変わりました。カメラ機能を使えばいつでもどこでも撮影可能、撮った写真はたくさんの人と共有できます。1枚の写真をインターネット上に投稿すれば、不特定多数の人に見てもらえるのです。

最近では、写真を通じてコミュニケーションを取ったり、自分の状況や感情を報告するSNSが人気を集めています。中でも「Instagram（インスタグラム）」は世界規模で大人気の写真共有型のSNSです。どんな使い方があるのか、一例を挙げてみましょう。

中学生の女の子が、友達と一緒に「デカ盛り」のスイーツを食べに行ったとします。容器からあふれんばかりのクリームやフルーツ、大きな口で食べる自分、それを見て笑う友達の顔、こうした写真を撮影してネット上に投稿します。

すると、写真を見た人たちからコメントが寄せられたり、「デカ盛り」の食べ物を紹介する画像一覧に転載されたりします。自分が他の人の写真を見て、コメントを寄せることもできます。

登校途中、学校内の雰囲気、放課後の寄り道、自宅でくつろぐ様子など自分の一日を写真やビデオに撮り、日記代わりに公開している子どももいます。こんなふうに自分で自分を撮影することを「自撮り」と言い、セルフ撮影をしやすくするための「自撮り棒」なるグッズも売られています。

自分で好きなように撮影できる、撮った写真や動画を多くの人に見てもらえること自体は、スマホやネットがもたらした利便性と言えるでしょう。情報発信や情報共有がより幅広く、自由にできるわけです。

その一方、子どもが個人的な写真や動画をどんどん撮影する、投稿することで、深刻なトラブルにつながる恐れもあります。そのひとつが、「個人が特定される」ことです。

写真から特定される個人情報

ツイッターやフェイスブック、ＬＩＮＥ、インスタグラムなどのＳＮＳのみならず、インターネット上には個人が撮影した膨大な写真や動画が掲載されています。

子どもたちはこれらの画像に日常的に接していますから、「みんなやっていること」という認識しか持っていません。みんながやっているのだから大丈夫、みんなと同じように自分もやってみたい、そんなふうに思っても無理はないでしょう。

ところが、スマホで撮影した写真というのはただの写真ではありません。スマホの中にはＧＰＳ機能という位置情報が内蔵されています。自分の現在地が特定されるもので、たとえば今いる場所の天気を知りたいときは、ＧＰＳ機能が自動的に現在地の天気を表示してくれるわけです。

ＧＰＳ機能自体はとても便利なものですが、設定次第ではスマホで撮った写真や動画にも自動的に位置情報が付帯します。つまり、写真がどの場所で撮られたものか、記録が入っているわけです。こうした情報を「Exif（イグジフ）情報」と言います。

スマホで撮影した画像に付帯するExif情報には、次のようなものが含まれています。

・撮影日時
・撮影機器のメーカー名（製造・販売元）
・撮影機器のモデル名（カメラ付き携帯電話・スマートフォンの機種名など）
・フラッシュの有無や焦点の距離など撮影時の設定状態
・GPS情報（撮影場所）

いかがでしょうか。スマホを使って何気なく投稿したり、インターネット上で閲覧している画像には、「いつ、どこで、どんなカメラや設定で撮影された写真、動画なのか」という情報が入っているのです。

たとえば自宅でくつろぐ様子を自撮りし、個人のブログで公開したとします。本名や住所は一切書かず、自分の顔と部屋の様子しか映っていない写真です。

通常の状態で写真を見た人には、「ただのプライベート写真」にしか見えないでしょう。ところが、特殊な方法を使うことで先のExif情報が漏れてしまいます（ここでは犯罪防止のため具体的な方法を紹介しません）。

すると、Exif情報をもとに、写真が撮影された場所＝住所が知られてしまいます。仮に写真の説明文として「リカちゃんのまったりモード」などと自分の名前の一部でもつけていれば、「○○に住んでいるリカ」という個人情報が特定されるのです。

なお、2016年現在、LINE、ツイッター、インスタグラム、フェイスブックなどの人気SNSでは、写真投稿時にExif情報が自動的に削除されるシステムになっていますが、これで安心というわけではありません。いくらExif情報が削除されても、写真そのものから個人情報が特定される危険性があるからです。

友達限定でも友達から流出する

子どもたちを取材していると、「写真は友達限定で公開しているから大丈夫」、「名前や顔が特定されないように気をつけてる」などという声が上がります。信用できる相手にしか見せていないから安心だと思っているのでしょうが、スマホを通じて送られた写真はコピーやシェアという形で簡単に拡散します。

たとえばA君が自分のふざけた顔写真を自撮りして、仲良しのB君限定で送信したとします。A君の自撮り写真を見たB君が「めっちゃ笑える」という理由でC君に送信、今度はC君が自分のSNSで勝手に公開してしまいます。本来B君にしか渡らないはずだった写真は、こうして多くの人の目にふれることになります。

A君とC君に何の面識もなければ、A君は自分の写真が勝手に公開されていることがわかりません。つまり、自分の知らないうちに予想もしない形で写真が流出してしまうのです。

個人が特定されるような写真は他人に送らない、インターネット上で公開しないというのが大原則ですが、現実はまったく逆の方向に進んでいます。子どもたちは危険性への認識が乏しく、「便利」とか、「おもしろそう」といった側面しか見ていません。

結果的にインターネット上には、子どもの姿や日常風景を映した写真が膨大に出回っています。部活動の試合、修学旅行、校外学習、キャンプ、体育祭や文化祭などさまざまな場面で撮られた写真がそのまま公開されています。当人がみずから進んで公開しているものもあるでしょうが、自分の知らないところで、いつの間にか流出している可能性も大きいでしょう。

ちなみに、この問題は子どもに限ったものではありません。学校が児童や生徒の写真を当人の許可なく公開している場合もありますし、家庭で撮られた写真やビデオも無数に存在します。

多くの親が「子どもかわいさ」にプライベートな画像を投稿、公開していますが、その危険性をしっかりと認識しているでしょうか。子どもの写真から住所や名前、日常生活の様子がどんどん流出していく可能性があります。

写真から個人が特定された先にどんなトラブルが起きるのか、子どものみならずおとなも正しく知ってほしいと思います。

軽い気持ちで下着姿を自撮りする

子どもたちは日常風景や生活の様子だけでなく、ときには「過激な写真」を自撮りすることがあります。実際に私も、ネット上で中学生の女の子が下着姿を自撮りした写真を見かけたことがあります。

いったいなぜ、彼女はそんな写真を撮ったのでしょうか。

インターネット上には不特定多数の人が自分で撮影した写真や動画を公開できる「広場」のようなサイトがいくつも存在しています。女の子はこうしたサイトのひとつに、自撮りした下着姿の写真を投稿したのです。

わざわざ下着姿になったのは、たくさんの人の目にとまるようにするためです。日常風景や生活の様子では人目を引かず「スルー」されてしまいますが、過激な写真であれば興味を持つ人がたくさんいます。

写真を見た人から、「アイドルになれるよ！」、「すげぇ、ヤバイほどイケてる！」といったコメントも寄せられます。自分の投稿写真へのアクセスが増えることで、人気者になれた、注目されていると錯覚してしまうのです。

そもそも思春期には、ちょっと危ないことをしたいとか、おとなに近づきたいという願望があるものです。すでにおとなである私たちも、かつては「親に隠れてお酒を飲んだ」とか、「エッチな雑誌をこっそり読んだ」とか、なんらかの悪事の経験があるでしょう。

こんなふうに背伸びをしたい年頃の子どもは、深い考えもないまま、つい危ないことをしがちです。写真の女の子も同様で、ほんの軽い気持ちで下着姿の自分を自撮りしたのでしょう。

こういった写真では、写真そのものの過激さ以外にも、思わぬ影響をおよぼすことがあります。それは、「どこで撮影されたか」という点です。私が見た写真でも、女の子の下着姿の背景にガラス戸のようなドア、タオル掛けの一部が写っていました。

写真が撮影されたのは少女の自宅の洗面所でしょう。背景に写り込んだガラス戸のようなドアは、よく見れば浴室のものでした。女の子は洗面所で服を脱ぎ、鏡に映った下着姿の自分をスマホで撮影、その場でインターネットにアクセスし写真を投稿したのです。

ちょうど顔の部分にスマホをかざし、人相を隠すように撮影されていました。おそらく当人は、「顔バレしないし、個人は特定されない」と思っているのでしょう。しかし、前述したようにスマホで撮影された写真には、撮影日時や撮影場所といった情報が含まれているのです。

実際にはさらに過激な写真もたくさん投稿されています。中学生や高校生が上半身裸になっていたり、男女でキスしていたり、性行為を自撮りしている写真もあります。

軽い気持ちで撮影した写真が、あとになってさまざまなトラブルを招きます。個人情報の特定や流出だけでなく、加工や合成されて拡散していくこともありますし、「リベンジポルノ」の被害を招く恐れもあります。

「リベンジポルノ」とは、交際相手に送った自分の写真や、交際中に撮影した性的な写真が悪用されることを指します。「リベンジ」は復讐という意味で、要は「別れた相手に嫌がらせをするためにネット上に写真をばらまく」わけです。

インターネットに投稿され、拡散してしまった写真は回収することが困難です。繰り返しになりますが、子どものみならずおとなも、自撮りの危険性について十分認識しておく必要があるでしょう。

潜在化するネットいじめ

「いじめ」の問題も、残念ながら深刻化しています。特に潜在化、見えにくくわかりにくい形でいじめが起きているという現状を知ってほしいと思います。

ここ数年、「ネットいじめ」という言葉が聞かれるようになってきました。「死ね」、「キモイ」、「ブサイク」といった誹謗中傷のメッセージが来る、インターネットの掲示板に根も葉もない噂を書き込まれる、こんな情報を耳にした人もいるでしょう。

悪質な言葉の暴力は決して許されることではありませんが、より注視したいのが写真や動画を使ったいじめです。具体的にどのような行為なのか、取材例から挙げてみましょう。

中学2年生のA君は、まじめで成績優秀な男の子です。クラスのまとめ役としてがんばっていましたが、学校行事をめぐって一部の生徒と対立してしまいました。

A君は対立した男子生徒たちから悪口を言われるようになります。当初は教室内で「キモッ」と言われたり、廊下でのすれ違いざまに「マジうぜぇ」と言われる程度でした。不快に思いながらも、A君は一生懸命「ふつう」を装って我慢していたのですが、相手はますます増長します。

ある日のこと、A君は授業の合間の休み時間にトイレで用を足していました。すると、誰かが後ろからみぞおちのあたりをツンツンとつつきます。いきなりのことだったので、A君は思わず身をよじりました。その瞬間、スマホのカメラが下半身に近づけられ、写真を撮られてしまったのです。

ちょうど用を足していたので、大事な部分が露出しています。思わぬ事態に動揺するA君を、また別のスマホのカメラが撮影します。このとき、A君と対立していた3人の生徒がグルになり、A君の排泄姿を写真に撮ってしまったのです。

3人の生徒は、スマホで撮った写真を見せつけながら口々に言いました。

「大事なところ、撮っちゃったぜぇ」

「うわぁ、おまえのアソコ丸見えじゃん。超恥ずかしぃー」

「こんな写真、ネットにばらまかれたら最悪だよな。もしばらまかれたくなかったら、明日から学校来るなよ」

排泄姿という、とても恥ずかしい姿を写真に撮られただけでも大きなショックです。加えて、その写真を「ネットにばらまかれる」という事態にでもなれば、立ち直れないほどの精神的ダメージを受けるでしょう。なんとか写真を削除したくても、相手のスマホの中に保存されていますから、自分の力ではどうにもできません。

A君は翌日から学校に行けなくなりました。親や先生に理由を聞かれても、恥ずかしさとショックで本当のことが言えません。いつなんどき写真がネットにばらまかれるかと思ったら、不安で夜も眠れなくなってしまいました。

日常生活に潜む思わぬ危険

従来のいじめは、誰かに殴られる、蹴られる、大事なものを壊されたり隠される、みんなから無視されるといった行為が主流でした。

むろん、どのような行為も決して許されるものではありませんが、仮に殴られればアザや傷跡が残ります。大事なものを壊されたら、壊れた様子を目にすることができます。つまり、いじめという行為が目につきやすいわけです。

一方ネットいじめは、外からは見えにくく、わかりにくい形で進行します。先のA君のケースのように、「排泄姿の写真を撮られた」という事実があっても、その写真は加害者のスマホに保存されています。A君が勇気を振り絞って自分の被害を訴えても、加害者の子どもたちが写真を削除したら証拠がなくなってしまいます。

たとえ証拠がなくなっても、一方では排泄姿の写真も削除されます。これで一件落着かと言えば、そう単純な話ではありません。削除の前に、加害者側が別の誰かに写真を送ることも考えられるからです。

スマホから別の記録媒体、たとえばパソコンやUSBメモリーなどにコピーしているかもしれません。クラウドサービス（パソコンやスマホ内のデータ等をインターネット上に保存したり、共有できる仕組み）を使い、手元の画像をすべてインターネット上に送ってしまうこともあるでしょう。

「削除」と言うとすべて消えてしまうようなイメージがありますが、デジタルやネット上の記録は多様な形で残されます。そう考えると、日常生活の中の些細な出来事が思わぬ被害を生む可能性もあります。

先のA君は、「学校内のトイレで用を足す」というごくあたりまえの行為が「いじめ」につながりました。同じように教室内や部活動、登下校などの場面で心身を脅かされるケースも増えています。

高校2年生のB君は部活動の合宿中、宿泊先で同室になった同級生2人とスマホゲームで遊んでいました。当初は楽しく対戦していたのですが、途中から「負けた人は罰ゲーム」という話になりました。

「罰ゲーム」は、服を1枚ずつ脱いでいくというものです。B君は負けつづけ、とうとうパンツ姿になってしまいました。

これ以上負けると全裸です。さすがにそれは勘弁してほしいと頼んだB君に対し、同級生は「だったらパンツ一丁で踊れ」と言ったのです。

B君はパンツ姿で踊りました。踊っているときはたいして深く考えもせず、いわば「その場のノリ」でやっただけです。ところが、ひとりの同級生がその様子を動画、つまりビデオ撮影していたのです。

後日、同級生が利用するSNSで、B君がパンツ姿で踊る動画が公開されました。学校でも話題となり、違うクラスの人からも「動画見たよ」、「めっちゃ笑える」などと言われます。

B君はようやく事の重大さに気づきました。この先、大学進学や就職の際に「パンツ姿で踊っている自分」の動画がどんな影響を与えるかと思うと怖くなったのです。

日常生活の中で、深く考えもせずにやったことがどのような事態を招くのか、多くの子どもは正しく理解していません。B君のパンツ姿を撮影し動画投稿した同級生もそうでしょうし、そのような姿を撮らせたB君自身も認識不足と言わざるを得ないでしょう。

B君のようなケースも、一歩間違えれば深刻ないじめになってしまいます。誰かの恥ずかしい姿や嫌がる様子、そんな画像をインターネット上にばらまいて人生を深く傷つける

――これがネットいじめの実態なのです。

大切なのは「子ども目線」

子どもとネットの関係を取材していて痛感するのは、彼らの知識と認識のなさです。何をすると危険なのか、もしもトラブルに巻き込まれたらどうすればいいのか、肝心なことを知らないままスマホやネットを利用しています。

前述したように、彼らは運転免許も持たずに高速道路で車を走らせているようなもの、おまけに事故が起きてもどこに通報すればいいのかさえ知りません。

そのような状況にもかかわらず、おとなはどんどん子どもにスマホを買い与えています。スマホを利用すること自体はいいとして、利用する際に必要な知識やルール、トラブル対処法などをしっかりと話し合っているでしょうか。

どんな親でも、わが子を進んで危険な目に遭わせるようなことはしないでしょう。むしろ、子どもを守るために一生懸命になるのが親というものです。

ところが、ことネットの世界に関しては、確かな教育、必要な見守りが乏しいのが現状です。「子どものほうが進んでいて親は追いつけない」、「不安はあるけど、なんとなく大丈夫かなと思っている」、「自分もスマホを使うので、それなりに教えられることもある」、保護者からはそんな声を聞きますが、いずれにせよ大切なのは「子ども目線」です。

子どものほうが親よりどんどん先を行ってしまうのなら、いったいなぜ子どもはそんなに夢中になるのでしょうか。

親が子どものスマホ利用を「うちの子に限って大丈夫」と思っていたら、もしトラブルに巻き込まれたとき子どもは親に悩みを打ち明けられるでしょうか。

親がネットやスマホに詳しいとしても、子どもの側は本当に自分の状況をわかってもらえたと納得しているでしょうか。

自分が子どもの立場だったら……、この視点を忘れずに親子で向き合ってほしいのです。

本章で書いてきたように、子どもを取り巻くネット環境は次々と新しい現象に見舞われています。背景に複雑な仕組みやビジネス戦略が潜んでいたり、日常の些細な出来事が思わぬ事態を招くこともあります。

子どもたちがひとりで悩んだり、誰にも頼れないまま苦しむことのないよう、まずおとなの認識をあらたにする必要があります。次章では、子どもを守るためにどんな方法を取ればいいのか、具体的に解説していきます。

第4章

今日から役立つ知識と対策

昔腕時計、今スマホ

ある地方での講演会のあと、主催された中学校PTAの方たちと懇談する機会がありました。その日のテーマは「子どものネットトラブル」です。

役員さんのひとりが、「子どもが何歳になったらスマホを持たせてもいいとお考えですか?」と私に尋ねました。

「個々のご家庭の事情があるので一概には言えませんが、高校入学を機に持たせるのがいいと思います。昔は高校入学のお祝いにと腕時計を買ってもらったりしましたね。かつての腕時計を、今のスマホと考えたらいかがでしょうか」

そうお答えすると、「なるほど。昔腕時計、今スマホですか」と、みなさん納得された表情でした。

高校生になると通学の行動範囲も広くなります。部活動、進学塾通い、アルバイト、ボランティアなど活動も多彩になるので、やはりスマホがあったほうが便利でしょう。

また、高校生くらいの年齢になると社会性が増し、自己責任の感覚が身についてきます。この社会性と自己責任は、ネットを利用する際にとても重要なものなのです。

ネット上では無料で音楽のダウンロードができたり、マンガが読めたり、動画を観たりすることができます。子どもだけでなく、おとなも映画やドラマなどを楽しむ機会があるでしょう。

一方、これらの作品には基本的に「著作権」という権利が備わっています。著作権者の許可を得た上で、つまり適法でネット上に掲載されている情報は個人で楽しむことが許されています。たとえば、ドラマを制作したテレビ局が「見逃し配信」で無料視聴を可能にしているような場合には、自分で見て、楽しむことに問題ありません。

けれども、そのドラマを勝手にコピーして、友達に100円で売ったらどうでしょうか。「たくさんの人に見てもらおう」という気持ちから、無断で自分のブログに載せたらどうなるでしょう。こうした行為は著作権侵害、つまり違法なことなのです。

どこまでが適法で、どこからが違法かという判断をするためには、知識はもちろん社会性や自己責任能力が必要です。また、そうした判断をするためには、学校や家庭での教育はもちろんのこと、利用者本人の自覚が大切です。

昔、私たちが子どもだったころ、高校入学を機に腕時計を買ってもらうことで「おとなに近づいた」、そんな気持ちになりました。腕時計を持つことで、おとなへの通過点をひとつ越えたような誇らしさを感じたものです。

今の子どもにとって、スマホはそうした自覚を促し、自立心を養うアイテムになるかもしれません。

子どもがスマホをほしがったら

子どもの社会性や自己責任能力の成長を待ってからスマホを購入してほしいところですが、現実には小学生や中学生の所有が増えています。内閣府の『平成27年度青少年のインターネット利用環境実態調査』によると、スマホの所有・利用率は小学生で23・7％、中学生では45・8％に達しています。

所有率の上昇は低年齢の子どもにも影響を与え、購買意欲をかきたてます。「友達が持ってるから自分もほしい」とか、「スマホがないとみんなの話題に乗り遅れる」とか、そういう理由で購入をせがむわけです。

親としては、同じように持たせたほうがいいのか、それとも周囲に流されないほうがいいのか、迷うところでしょう。

スマホを持てば友達との交流は便利になります。共通の話題で盛り上がったり、特定のグループ内で情報交換できたり、より親密になれる場合もあるでしょう。

一方で、「いつでも、どこでもつながっている」という関係性が生じます。夜中や休日、食事中、外出先など時間や場所を選ばずに関わることで、絶えず相手を意識せざるを得ない状況になりかねません。

たとえば「即レス」、届いたメッセージにすぐに返信（レスポンス）するという意味で、特に10代の子どもたちに浸透しています。早く返信するために、常にスマホを近くに置いてスタンバイ、そんな使い方をする子どもも少なくありません。おとなから見ると、いかにもスマホに振り回されているように感じられるでしょう。

とはいえ、ここで考えてほしいのはスマホという機械ではなく、その背景にある子どもの友達関係です。彼らはなぜ、そうまでして「つながりたい」のでしょうか。わずかな時間を置くことさえなく相手に合わせ、仲間に乗り遅れまいと必死になるのでしょうか。

今、子どもたちの間では「コミュ力《りょく》」の有無が重視されています。コミュ力とはコミュニケーション能力の略ですが、本来の意思伝達や相互理解とは違う感覚で使われます。みんなと一緒の「ノリ」、あるいは「空気を読む」といった同調性にうまく応じられるかどうか、そんな力が求められます。つまり、子どもたちはスマホそのものより、友達に合わせることに振り回されているのです。

子どもから「友達はみんな持っている」と言われたら、まずは友達関係について話題にしましょう。どんなつきあいをしているのか、悩みやトラブルはないか、しっかりと聞いてください。

親があれこれ聞いたところで、「子どもが全然話さない」という場合もあるでしょう。特に思春期の子どもなら、「別にぃ」とか、「まぁふつう」とか、要領を得ない答えが返ってくることも多いものです。そんな場合に活用してほしいのが、「紙チェック」です。

購入前には紙でチェックする

スマホ購入の際、たいていの家庭では「どの機種にするか」、「料金プランはどれがお得か」を検討します。画面の大きさとか、防水機能の有無とか、あるいは学割や家族割などもチェックするでしょう。

これらが大切な項目であることは言うまでもないのですが、一方で「親子それぞれの考え方」についても確認することが大切です。

とはいえ前述したように、子どもが積極的に話をしてくれないケースも少なくありません。その際、紙に書き出すというアナログな方法で親子の意見交換をしてみましょう。

まずは子ども側です。「僕（私）がスマホをほしい理由」を紙に書き出すよう促します。

「友達とＬＩＮＥがやりたいから」、「インターネットで調べ物をしたい」、「地図や辞書のアプリが使えるので便利」、こんなふうに子ども自身の理由が出てきます。

一方、親の側は「スマホを持たせる上で心配なこと」を書き出します。「ゲームばかりやって勉強をしなくなるのでは？」、「ＬＩＮＥで仲間はずれにされるかも」、「ネットで知らない人にだまされたらどうしよう」などです。

お互いに書き出した内容を見てみましょう。すると、子どもが挙げた理由はメリット、親のほうはデメリットとなっています。元々の書き出し項目が違うので当然とも言えますが、こうした正負の両面について考えるための「紙」なのです。

子どもはスマホを持つとき、良い面ばかりを見てしまいます。便利、快適、楽しい、簡単、まるで宝箱を手にするような心境になりがちです。実際、スマホはとても便利な機器ですが、だからこそ親の不安や心配＝悪い面をしっかりと伝えておく必要があります。

たとえば「ネットで知らない人にだまされる」という項目なら、そうならないために何に気をつければいいか、どんな利用ルールが必要か、具体的に意見を出し合います。

子どもが自覚を持ってスマホを使うためには、正負の両面を自分自身で考えることが不可欠です。紙に書き出すという作業をすることで、そうした自覚を促しやすくなります。

たとえば小学生なら、最低限、**表1**にまとめた5点をチェックしてみましょう。

表1

- [ ] 1日何時間使うか（使いたいか）
- [ ] どんな目的で使うか（調べ物をしたい、動画が見たい、ゲームをやりたいなど）
- [ ] どんな場所で使うか（リビングルームに限る、外出先では使わないなど）
- [ ] どんなルールを作ったらいいか（自分で作る、親と相談して作る、利用時間や使用場所について決めておく、課金をしないなど）
- [ ] アプリのダウンロードについて（好きなアプリを自由にダウンロードしたい、無料のアプリだけダウンロードする、事前に親に相談するなど）

表2

- [ ] ＳＮＳで友達とつながることのメリットとデメリット（いつでも連絡が取れる、みんなと情報共有できる、噂や悪口がひろがりやすい、いつも書き込みが気になってしまうなど）

- [ ] スマホを使って得なこと、損なこと（無料アプリが豊富、検索が簡単、写真や動画が撮れる、必要もないのについ使ってしまう、勉強時間がなくなるなど）

- [ ] 自分の生活とスマホ利用の関係（情報収集や情報交換ができて生活が便利になる、ゲームや動画視聴でストレスが解消できる、使いすぎて寝不足になる、ＳＮＳいじめが心配、情報が多すぎて不安になるなど）

中学生の場合は、**表1**に加えて**表2**にあるようなチェックもあるといいでしょう。

最後に、「利用料」の金額についても紙に書き出しましょう。ガラケー（従来型の携帯電話）とスマホの毎月の料金の差額、携帯電話会社やネットのプロバイダー業者に支払っている通信料の総額などを書き出します。

一家の合計金額だと軽く数万円規模になるはずです。これだけのおカネが家計から出ている、そうした自覚を家族全員で共有することが大切です。

料金だけでなく「安全」も考える

数年前までは、「携帯電話やスマホを買う」となったら、ドコモやａｕ、ソフトバンクなどの大手通信会社しか選択肢がありませんでした。ところが現在では、「格安スマホ」と呼ばれる安価な機種、料金プランを取り扱う新規事業者がたくさんあります。私が取材する範囲でも、格安スマホを使っている子どもが徐々に増えてきました。

大手通信会社と新規事業者との違いは何でしょうか。まず「料金」が違います。利用するデータ容量などによって料金プランが違うためあくまでも目安としてですが、大手の場合は月額で７０００円～８０００円程度、一方格安スマホは３０００円～５０００円程度と言われています。

子どもに使わせるのなら安いほうを選ぶ、こんな考え方があっていいですが、「安全」という面も忘れないようにしましょう。この安全面で大切なことのひとつが「フィルタリングサービス」です。

これまで繰り返し述べてきたように、スマホを使ってインターネットにアクセスすることでさまざまな問題が生じる可能性があります。子どもにとって有害な情報、巧妙な勧誘、思わぬ危険性がたくさんあるのがネットの世界です。

フィルタリングとは「アクセス制限」のことで、有害サイトや成人向けサイトに接続できないようにしたり、不適切なアプリをダウンロードできないようにする仕組みです。２００９年に施行された『青少年インターネット環境整備法』という法律で、18歳未満の人が携帯やスマホを利用する場合には、保護者からの申し出がない限りフィルタリングを設定するよう決められました。

こうした規定を受け、大手通信会社では18歳未満の利用者向けに独自のフィルタリングサービスを無償で提供しています。ドコモやａｕ、ソフトバンクのお店を利用した人は、スマホの購入時に「フィルタリングの設定」について説明や指導を受けているはずです。

一方、格安スマホの事業者では大手のような「独自のフィルタリングサービス」は提供されていませんが、他社のフィルタリングサービスを有料オプションでつけるという方法が推奨されています。

こんなふうに、事業者側のフィルタリング環境は整ってきたのですが、肝心のユーザー（利用者）側の認識は低いと言わざるを得ません。保護者や教職員の方々を取材すると、フィルタリングについての基本的な理解がなかなか広まっていないと感じます。

実際、フィルタリングの設定率は減少傾向にあります。内閣府の『平成27年度青少年のインターネット利用環境実態調査』によると、「子ども（10歳～17歳）のスマートフォンにフィルタリングを使用している」と回答した保護者は約4割に過ぎません。

ややこしく、わかりにくいフィルタリング

「フィルタリングが大事なことはわかってる。でも、設定方法がさっぱりわからない」

「購入時にはフィルタリングを利用していたけど、子どもが嫌がるのでやめました」

「フィルタリングについていろいろ調べてみましたが、あまりにややこしくて途中で断念しました」

取材で会う保護者の方からは、フィルタリングのわかりにくさを嘆く声がしばしば上が

ります。「フィルタリング＝面倒」というイメージも強く、積極的に設定する気持ちになれないのも無理ないかもしれません。

いったいなぜフィルタリングはややこしいのでしょうか。たとえば、先の通信会社やフィルタリング提供会社の「アクセス制限」について考えてみましょう。こうした仕組みを利用しているからといって、残念ながら万全とは言えず、「抜け穴」があるのです。典型的な例がWi-Fi（無線ＬＡＮ）利用です。

スマホを利用する際、通信会社が提供する回線のほかに、Wi-Fiという接続方法があります。わかりやすいイメージとして、冷風と温風が出るエアコンを挙げてみましょう。一台のエアコンを夏は冷房、冬は暖房というふうに「風」を使い分けます。

通信会社が提供する回線とWi-Fiも同様です。外出時には通信会社の回線、自宅にいるときはWi-Fiなどと、ユーザーの環境に応じてインターネットへの接続方法を使い分けることができます。

このうち、先に紹介した通信会社提供のフィルタリングサービスは、基本的に自社回線網を利用した際に適用される仕組みです。つまり、Wi-Fiの利用時には、アクセス制限がかからなくなってしまうのです（一部のフィルタリングサービスを除く）。

最近では「公衆無線ＬＡＮ」が広まっています。駅や電車内、飲食店などの公共の場で、誰もが自由に利用できるWi-Fiです。このような通信回線を利用すると、フィルタリングがかからず、どんなサイトにもアクセス可能となります。

また、Wi-Fiを利用すればアプリのダウンロードなども制限されません。私の取材例でも、小学生が「大量殺りく」の戦闘系ゲームアプリを、中学生が「出会い系」のコミュニケーションアプリをダウンロードしているようなケースが少なくありません。

このような抜け穴を防ぐため、子どもがスマホを利用する際には通信会社提供のフィルタリングだけでなく、ユーザー側がWi-Fi接続やアプリのダウンロードなどを制限する設定が必要です。これを「機能制限」、別名「ペアレンタルコントロール」と言います。

ペアレンタルコントロールを使う

「ペアレンタルコントロール」とは、親（ペアレント）が子どものネット利用を監視し、利用状況をコントロールするという意味です。

使用しているスマホの機種やOS（Android、iOSなどのオペレーションシステム）によって設定方法が異なるため、購入時に販売店で指導を受けるのが一番確実です。すでに購入済みの場合でも、それぞれの機種の使用マニュアル、機能設定の方法などはインターネット上で公開されていますから、ぜひ情報収集してください。

ちなみに、アップル社が販売するiPhoneでは、ペアレンタルコントロールが比較的簡単に行えます。日本ではiPhoneの人気が高く、スマホユーザーの6割以上が利用しているため、ここではiPhoneの機能制限の方法を紹介しましょう。ただし、「わかりやすさ」を第一に説明しますので、あくまでも入門編として考えてください。

【設定→一般】と進むと、【機能制限】という項目があります。機能制限の項目を開くと、「機能制限を設定」と表示され、これを選択すると「パスコード」という暗証番号の入力を求められます。

この暗証番号は親が管理し、子どもに教えないようにしましょう。もしも教えてしまうと、子どもが勝手に設定を解除し、せっかくの機能制限が無効になってしまうからです。「機能制限を設定」という画面では、「Safari」、「インストール」、「iTunes Store」、「App内での購入」、「App内課金」等たくさんの項目が表示され、それぞれ許可と不許可が選択できるようになっています。

たとえば「子どもがゲーム内で勝手に課金するのを防ぎたい」なら、「App内課金」をオフにします。このように、それぞれの機能を利用するかしないか、親（保護者）が設定できる仕組みです。

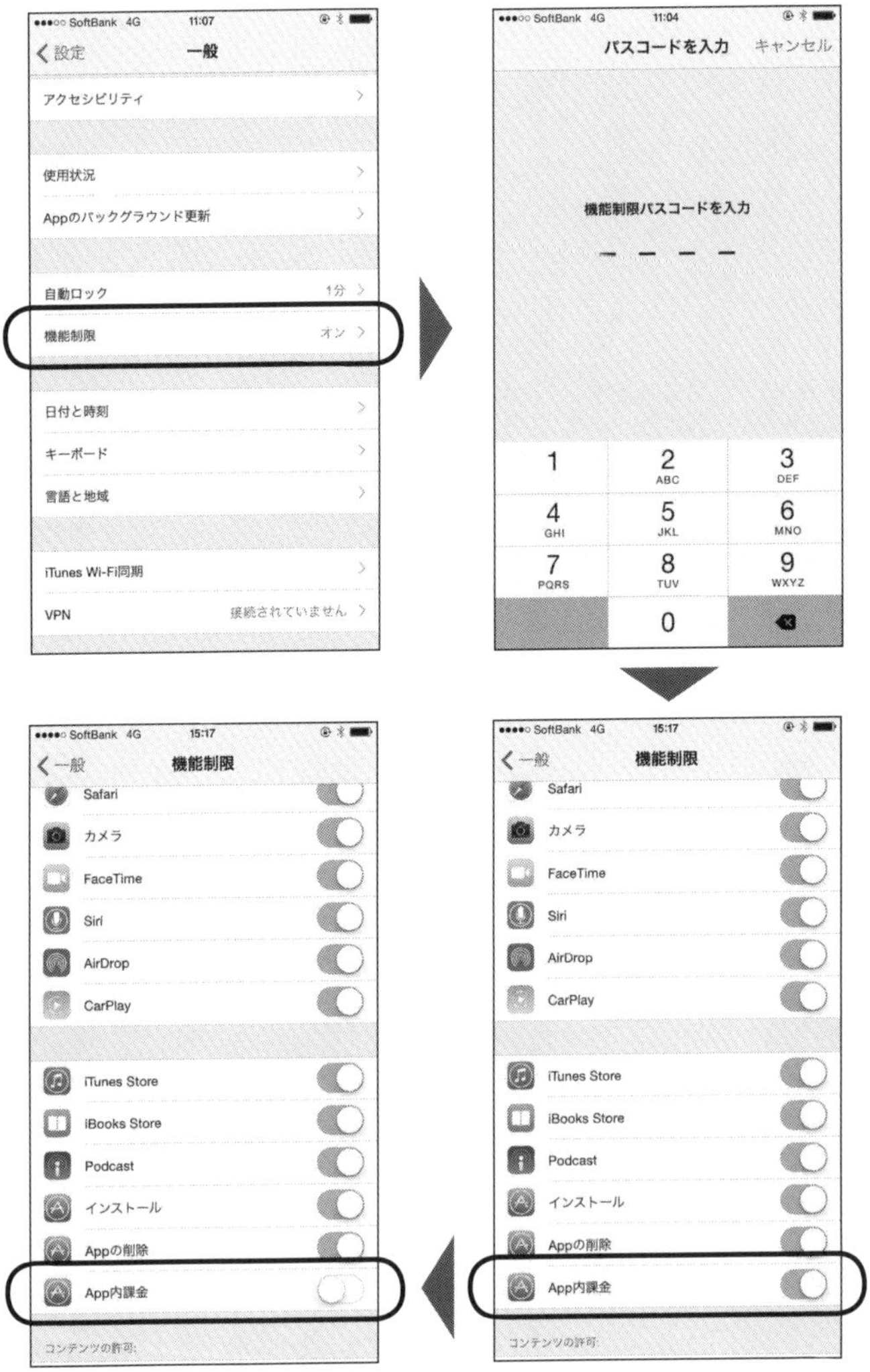

iPhone のペアレンタルコントロールの例

とはいえ、「いくら説明されても、自分では絶対設定できそうにない」という保護者の方もいるでしょう。また、次々と新機種が発売される現状では、せっかく覚えた設定方法が使えなくなる可能性もあります。

とにかく一番簡単な方法で子どものスマホ利用をコントロールしたい場合には、おとなと同じ機種ではなく「ジュニア（子ども向け）スマートフォン」を購入してください。「子ども向け」であってもアプリのダウンロードなどは保護者の同意の上で利用できます。一方、有害サイトへの接続や課金などは制限されますから、比較的安全に使えます。

使用時間やアプリの利用を制限する機能も入っています。「平日は午後8時まで」、「ゲームアプリは禁止」など、子どもの年齢や状況に応じてカスタマイズすることができます。

ルール作りで気をつけたいこと

子どものネット利用について、「ルールを作っている」というご家庭は多いでしょう。内閣府の『平成27年度青少年のインターネット利用環境実態調査』によると、「利用ルールがある」と回答した保護者は8割、一方の子ども側では6割と、親子の認識にギャップがあることがわかります。

実際、親のほうはルールと考えていても、当の子どもはそれをルールと認識していない場合があります。たとえば、「スマホの利用は午後10時まで」と決めてあったとします。約束の時間になっても子どもはスマホを使用中、親から注意もされず延々と使えるのなら、ルールなどあってないようなものです。

そもそもルールとは、単に作ればいいわけではありません。そこで、ルール作りのポイントを挙げてみましょう。

まずは、親子で十分に話し合うことです。時間や場所、利用方法などについて決める際、子どもの話をしっかり聞いてください。親が一方的に押しつけたルールでは、子どもの実情とかけ離れてしまうかもしれません。

たとえば、ＬＩＮＥに代表されるＳＮＳではメッセージや情報交換をしている相手がいます。ちょうどみんなで話が盛り上がっている、もう少し友達と情報交換したい、そんな子どもなりの事情もあります。

ルール作りで大切なことは、「現実的に守れるかどうか」という点です。最近では自治体が「子どものスマホ利用は午後10時まで」などと一律にルール設定するケースがありますが、「本当に子どもがルールを守れるか」という視点を持っているでしょうか。

家庭ごとのそれぞれの事情、子どもの状況には違いがあります。一律に押しつけるのではなく、子どもみずからが「自分で守れそうなルール」を考え設定する、ここが重要でしょう。

たとえば、「平日は友達とLINEをしたいから午後11時まで使いたい。その代わり、土日は夕方6時までしか使わない」などと、子ども自身が「マイルール」を考えます。それを受けて親が「普段はそれでいいけど、試験前の1週間は全面禁止にしたら?」、そんなふうに互いの意見を調整するのです。

話し合う過程で、子どもからネットの利用状況を聞き出すこともできますし、親の不安や心配を伝えることもできます。子どもが自分の使い方に自覚と責任を持つという意味でも、おとなが一方的に押しつけたルールではなく、彼ら自身に考えさせたほうがいいのです。

また、ルールは定期的に見直したり、変更していきましょう。小学生と中学生では、生活時間や友達関係などいろいろな状況が変わってきます。「半年に1回はルールを見直す」などと決めておき、その都度親子で話し合う機会を設けます。

ちなみに、最低限必要なルールとして、次の5項目をお勧めします。

①スマホにダウンロードするアプリは、事前に親の確認、許可を得る。

②インターネット上に自分や他人の氏名や住所、電話番号、学校名などの個人情報を書き込まない。
③知らない人からSNSの友達申請やコミュニティサイトへの勧誘などが来たら断る。
④下着姿など不適切な写真、動画は絶対に撮らない、ネットに投稿しない。
⑤困ったこと、心配なことがあったら、すぐに親や先生など信頼できるおとなに相談する。

料金は誰が支払っているか

ルールを作ったら、必ずペナルティを決めましょう。子どもがみずからマイルールを設定したとしても、必ず守れるとは限りません。むしろ、守れなかったときにどうするか、ここを決めておくのが重要です。

ただし、ペナルティについても子どもの自主性を尊重しましょう。子ども自身が、「ルールを3回破ったら、1週間スマホを使いません」などと決めれば、おのずと自覚が生まれます。

こんなふうに子どもの意思を尊重することで「ルールとペナルティ」がより有効になりますが、一方でネットの世界にはたくさんの誘惑があるのも事実です。

先にも挙げたようにSNSでは相手がいますし、オンラインゲームや動画視聴などには、途中でやめることがむずかしい、ユーザーを巧妙に取り込むような仕組みもあります。

いくらルールを作っても守れないという場合には、親の毅然とした対応が重要です。特にお勧めしたいのが「スマホの料金を支払わない」という方法、要は一時的な契約停止です。

子どものスマホ料金、あるいはネット接続のためのプロバイダー料金などは誰が支払っているのでしょうか。ほとんどの家庭では親が負担しているはずです。親が料金を支払わなければ、子どもはスマホもネットも使うことができません。

そもそも親たちは懸命に働き、毎月の家計をやりくりして、決して安くはない通信料を支払っています。仮に家族4人でスマホやネットを使っているなら、携帯電話会社やプロバイダー業者に支払う料金は1ヵ月で3万円以上になるでしょう。

ところが一方の子どもは、毎月のスマホ料金がいくらなのか、親がどんなやりくりをしているのか知らない場合が少なくありません。

私は取材先の子どもたちに、「あなたのスマホ代は、お父さん、お母さんが必死に働いて払ってくれてるんだよ。親がどんなふうに働いて、どんな苦労をしているか知ってるの？」と聞きますが、彼らの反応はともすれば「他人事」のような感じです。

「親が払ってるのはわかってるけど、うちのスマホ代っていくらなんだろう？」
「家計のやりくりとか、きっと大変なんだと思う。でも中身はよく知らないです」
「スマホの料金とか言われても、たぶん銀行引き落としになってると思うから、全然ピンとこない」

こんなふうに、子どもたちは自分のスマホ代を「誰が、どうやって支払っているのか」についてほとんどわかっていないのです。

スマホ・ネット利用の「見える化」

なぜ子どもたちは他人事のような反応なのか、それは自分の利用状況や利用料についてはっきりと見えていないからでしょう。たとえば利用料が「親の銀行口座から自動的に引き落とし」なら、家族の利用総額や料金明細をチェックする機会がありません。

そこで、保護者や教育関係者の方に取り組んでいただきたいのが、スマホやネット利用の「見える化」です。「お金が見える」、「支払ってくれる人が見える」、そして「自分の利用状況が見える」、この三点をはっきりと子どもに示すことが大切です。

まず「お金が見える」、要は毎月の利用明細書や料金表を必ず子どもに見せるということとです。「5月分、啓太7340円、奈々子7820円」などというふうに、子どもの名前と利用料を書き出し、冷蔵庫のドアとか、子ども部屋の壁とか、目につきやすい場所に貼りましょう。

毎月の利用料を目にすれば、「今月は先月より1000円多い。有料サービスを使いすぎちゃったな」などと子ども自身が把握できます。自分のスマホ、ネットの利用料がいくらなのか、使っている当人がしっかり自覚することが第一の「見える化」です。

次に「支払ってくれる人が見える」です。前述したように、子どもの利用料は親が働いて支払っています。お父さんやお母さんはどんなふうに働き、毎月いくらの収入を得て、家計の中からどれほどの支出をしているのか、そういう状況をきちんと伝えましょう。

これも取材の中で痛感することですが、子どもたちは家計の収支についてまったくと言っていいほど知りません。お父さんの給料やお母さんのパート時給がいくらなのか、自分の塾代やスマホ代をどれくらい負担してもらっているのか、「知らない」、「聞いたこともない」という子どもがたくさんいます。

「子どもにお金の話はしたくない」、「家計の心配などさせたくない」という親の気持ちはわかるのですが、この時代にはあえて「お金」を明確にすることが大切です。

なぜなら子どもたちは「タダ」に慣れきっているからです。ネットを利用すれば、「タダで通話できる」、「タダでゲームができる」、「タダで音楽や動画が楽しめる」というふうに、多くのものが無料で使えます。

さらにネットの世界では、「タダで楽しんで、その上お金がもらえる」という仕組みができています。第2章で説明した「お小遣いサイト」のような仕組みを利用すれば、無料で会員登録し、お金を稼ぐことさえできてしまいます。

けれども実際には、無料を楽しむためのお金、つまり毎月のスマホ通信料やネットの利用料が発生しています。なにより私たちの現実の暮らしは、働いてお金を稼ぎ、そのお金を使って生活するという仕組みで成り立っているわけです。

現実的な金銭感覚を養う意味でも、「誰が、どうやって支払っているか」を明確にしましょう。場合によっては子どものスマホ料金を銀行引き落としにせず、毎月、支払い用紙と現金を渡してコンビニで支払わせるといった方法を取ってもいいのです。

スマホに限らず、電車に乗るときはスイカなどの電子マネー、スーパーで買い物するときはプリペイドカードというように、今の子どもは「リアルマネー＝現金」を使う機会が減っています。

今月はいくら使った、そのお金はお父さんやお母さんが働いて払ってくれている、こんな自覚を持った子どもなら、おのずとルールを守り、正しい使い方ができるはずです。

スマホの利用時間を「お金」に換算する

最後にぜひ取り組んでほしいのが、「自分の利用状況が見える」という方法です。1日何時間くらいスマホを使っているか、子ども自身が知っておくことが重要なのです。

どうやって利用状況が見えるようにすればいいのか、ここでは私が中学生や高校生を対象に行っている研修内容を紹介しましょう。

彼らはネットの現役世代ですから、「SNSって何?」とか、「スマホゲームの仕組み」とか、そういう話にはたいして興味を持ちません。

では、「フィルタリングを設定しましょう」、「掲示板に誰かの悪口を書き込んではいけません」などという話ならいいでしょうか。

この手の話は、警察や携帯電話会社が実施する「ネット安全教室」のような場でよく聞かれます。もちろん大切なことなのですが、当の生徒たちの反応は今ひとつに感じられます。

実際、私が取材で会う子どもたちは、「マトモなことを言われてもつまらない」と苦笑したりします。そこで、私の研修では、できるだけ彼らの興味や関心に沿った話をするように努めています。

たとえば、「スマホの利用時間をお金に換算するといくらになるか?」といった内容です。

まずは中学生や高校生に、「家庭で用意するもの」を伝えます。それは、100円ショップなどで買った日付入りのカレンダーと、地元で配布されている無料の求人広告です。

カレンダーをリビングルームなどの壁に掛け、1日のスマホ利用時間と利用内容を書き入れます。自分が何時から何時まで、どんなことに利用したのかを記入するわけです。10月20日に4時間利用していたら、「20日」の欄に「4時間　ゲームとLINE」などと書き込みます。

1ヵ月間記入をつづけたら、カレンダーを取り外して毎日の利用時間の合計を出します。仮に1日あたり5時間使うと、1ヵ月(30日)では150時間になります。

次に、求人広告で地元のアルバイトの時給を見てみましょう。「コンビニ　高校生時給800円」と載っていたら、この800円に150時間を掛けるのです。すると12万円という金額が出てきます。

私はこの数字を示しながら、彼らに言います。

「もしもあなたたちがスマホを利用する時間分、コンビニでアルバイトしていたら、1ヵ月で12万円、1年間では144万円も稼ぐことができました」と。

もちろん、アルバイトしなさいと言っているわけではありません。子どもたちに「具体的な数字」を示して、自分のスマホ利用を振り返ってもらう材料にしているのです。

こうした数字を出すと、会場にいる生徒たちは「わぁ～！」と驚きの声を上げます。「まじ？　すげぇ金額」とか、「スマホやってるより、ほかのことしたほうがいいよね」と素直に反応してくれるのです。

「具体的に見える」と使い方が変わる

「お金に換算するといくら？」と同様に、スマホの利用時間を勉強や読書、スポーツなどに費やしたらどれくらいの「成果」が出るか、このような話もしています。

1日5時間の利用で1ヵ月150時間、1年間では1800時間になります。これを「日数」に換算すると75日という数字が出てきます。

「SNSやゲーム、動画視聴、気づいたら1日5時間くらいスマホを使ってるという人もいるでしょう。でもそれは、1年365日のうち75日間も丸々スマホに費やしてることになるんです。本当にそれでいいのか、みなさん自身でよく考えてみてください」

こんなふうに話すと、生徒たちは真剣な面持ちで耳を傾けてくれます。その上で、「今までのスマホ利用の時間を半分に減らして、残りの半分で英単語を勉強したらどれくらい覚えられるか？」とか、「受験勉強をしたらどのレベルの学校を狙えるようになるか？」とか、彼らと一緒に考えていきます。

たとえば、一般的な公立高校を受験する際に必要な英単語の数は約１０００語、進学校と呼ばれる高校では約１５００語と言われています。１日３つの英単語を覚えたら１年間で１０９５語ですが、１日４つにすると１４６０語です。

１日に覚える英単語を３から４に増やすだけで上位の学校に進学できるかもしれない、だったらスマホの時間を少し減らして英単語を勉強したほうがいいのでは、と彼ら自身の気づきを促します。

こんなふうに具体的な数字や時間を示すことで、子どもたちは自分の生活、特にスマホやネット利用状況を本当の意味で把握します。

単に「ネットを使いすぎてはいけない」、「スマホに依存するな」ではなく、彼ら自身に考えさせる、こうした方法が大切なのです。

残念ながら子どものスマホ利用時間は増えつづけています。内閣府の『平成27年度青少年のインターネット利用環境実態調査』によると、10歳～17歳の子どもの１日のスマホ利用時間は平均136分（2時間16分）に上っています。

特に高校生では1日2時間以上の利用者が67％、5時間以上の利用者も12％です。高校時代という青春の只中にあって、毎日の貴重な時間を小さな機械に費やすばかりでは、あまりに惜しいのではないでしょうか。

悪用を防ぐための「見える化」

自分の利用実態を把握するだけでなく、スマホやネットを悪用しないための「見える化」も大切です。

SNSで誹謗中傷する、ネット掲示板に根拠のない噂を書き込む、コミュニティサイトで他人になりすます、友達の個人情報や写真を無断でインターネットに投稿する——子どもたちの間ではこうした問題が発生しています。

第3章で述べましたが、同級生の恥ずかしい姿を写真や動画に撮り、それを「ばらまくぞ」と脅して精神的に追い詰めるようないじめも起きています。

私は加害者の子どもを何人か取材してきましたが、彼らは自分の行為をさほど問題視していません。

「ちょっとふざけただけ」、「冗談でいじった」、「みんなやってる」、こんな言い訳を口にするケースが少なくないのです。

これにはいくつかの理由が考えられます。ひとつには、スマホやネットならではの気軽さです。いつでも、どこでも使えるスマホの特性は大きなメリットの反面、その場のノリや空気に流されやすくなるデメリットがあります。

実際に、深く考えないまま悪口を書き込んだり、友達の個人情報を流したりしている子どもはたくさんいます。ＳＮＳのようにすぐに情報が拡散する環境では、ひとりの発信がたちまち複数の人に共有され、結果的に「みんなやってる」という理由につながってしまうのです。

また、自分の行為がどんなトラブルをもたらすか、この点についてしっかり教えられていないこともあります。たとえばインターネット上で友達を誹謗中傷したら、それが相手と自分にどんな影響をもたらすか、きちんと理解できていないのです。

そこで大切なのが、スマホやネットを悪用したらどうなるかを明確に示すこと。いわば間違った使い方と、その結果を「見える化」することです。

ネットいじめに限らず、子ども同士の深刻なトラブルを防ぐには、加害行為をなくす、あるいは防止することが一番の対処法です。加害者が出なければ、おのずと被害者も生まれません。そのため、子どもが自分の行為を自覚し、「これをやったらこうなる」と、あらかじめ因果関係を知っておくことが大切なのです。

自分の行為が「犯罪」になる可能性

では、具体的にどうすればいいでしょうか。まずは、自分の行為が「人を傷つけている」、「相手の権利を侵害している」可能性について考えさせましょう。中学生や高校生を対象にした私の研修会では、こんな例を挙げています。

「自分の顔写真を自撮りして、その写真を道行く他人に次々と見せるとします。何百人、何千人の人に写真を見せると、おそらくいろんな反応がありますよね。無視する人もいるだろうけど、キモイとか、ブスとか、バカじゃねぇ？　そんなふうにひどい言葉を言われる可能性だってあります。場合によっては、ストーカー被害に遭うことだって考えられます。そういう体験をしたい人はいますか？」

すると生徒たちは苦笑いして、「イヤでーす」、「通りすがりの他人に自分の写真を見せるなんてできるわけない」などと言います。そこで今度は、次のようにつづけます。

「誰だって自分の写真を見知らぬ他人に次々見せて、ひどい言葉を浴びせられるなんてイヤでしょう。でも友達や同級生の写真を無断でネットに投稿するのは、これと同じようなことなんです。みなさんが友達の写真をネットに載せる。その写真を見た人がキモイとか、ブスなんて反応したり、ときにはストーカーに狙われるかもしれない。さて、写真を載せられた友達はどんな気持ちになるでしょうか」

こんなふうに具体的なケースを想定して、「自分の行為と他人（友達）の気持ち」をふり返ってもらいます。

インターネットが日常生活に浸透している今の子どもたちですが、一方で身近だからこそ深い意識を持たずに使ってしまうことが多々あります。写真の投稿、友達の噂話や仲間の悪口などを発信することがどんな影響をもたらし、どのような結果を招くのか、自分の身に置き換えて考えられる機会を与えましょう。

次に、間違った使い方をするとどんな責任を負わされるか、具体的に教えます。ここでは、警察庁生活安全局のサイト、『ＳＴＯＰ　ネット犯罪』から一部引用してみましょう。

〈いじめはネット内でも……〉

男子中学生（15歳）は、日頃からいじめられている同級生を無理やり無料通話アプリのグループに誘い入れ、同アプリ内でいじめを継続し、さらに脅すなどして約20回にわたっ

て合計10万円を恐喝した。↓刑法（恐喝）【10年以下の懲役】

〈多くの人の注目を浴びたくて〉

少年は、スーパーの店内において、パンや菓子の包装紙にいたずらをする様子を撮影し、動画投稿サイトに投稿した。投稿した動画に対する反響などを見て、自分を英雄視していた。↓刑法（業務妨害）【3年以下の懲役または50万円以下の罰金】

〈子どもが誘っても犯罪！〉

女子高校生（17歳）は、インターネットの出会い系サイトに「17歳女子高校生です。下着とデート売ります。5000円から取引します」等と書き込んだ。↓出会い系サイト規制法違反（禁止誘引行為）【100万円以下の罰金】

加害者にならないための教育

警察庁のサイトでは、これらの行為が「子どもによる犯罪」と明記されています。「ちょっとふざけただけ」などという言い訳が通用しないのです。ちなみに、同サイト内には次のような注意書きも載っています。

〈他人のパスワードを使ってゲームをしたり、サイトにアクセスすると、不正アクセス等

の犯罪になります。〉

〈出会い系サイトに異性を誘う書き込みをすることは、子どもであっても違法です。〉

犯罪や違法行為に対しては、加害者が未成年者の場合でも逮捕や検挙、補導される可能性があります。実際に次のようなケースが報じられています。

〈愛知県在住の12歳の児童3名。同級生のIDとパスワードを使ってオンラインゲームに不正アクセスし補導される。「同級生のキャラクターやアイテムを見たかった」と供述〉

〈福岡県在住の小学4年生女子。インターネットの子ども専用掲示板で福岡県内の町の名前を挙げ、「明日、下校中の4年生を殺す」と書き込む。軽犯罪法違反（業務妨害）で、児童相談所に通告〉

〈山梨県在住の17歳男子高校生。SNSで友達の名前を挙げ、「○○死ね」、「○○を殺します」と殺害予告を書き込み、軽犯罪法違反（業務妨害）で逮捕、書類送検。「いたずら目的でやった」と供述〉

「○○死ね」などという書き込みは、実は子ども同士の中ではそれほど珍しいものではありません。特にSNSのグループトークのような〝内輪話〟では、過激な言葉が飛び交いやすいものです。

自分のほうは冗談のつもりでも、相手が深く傷ついたり、生活に支障が出たりすれば、結果的に冗談では済まされません。場合によっては、「名誉を侵害した」、「社会生活を妨害した」などと加害行為として認定されてしまいます。

また、悪ふざけの画像を投稿したり、ネット掲示板に書き込んだ友達や学校の悪口が拡散すると、「炎上」という事態を招くこともあります。批判が殺到して「犯人探し」につながり、加害者の個人情報が広く知れ渡る場合もあります。

このように、自分の行為がどんな影響をもたらすか、子どもたちの意識を高めることが大切です。取り返しのつかない事態に発展しないよう、「加害者にならないための教育」を徹底しましょう。

被害者にならないための教育

一方で、被害者にならないための教育も重要です。スマホやネットが生活に浸透するほど、子どもが被害者になる可能性は高まります。家庭や学校で注意を促すことも多いでしょうが、単に「ネットは危ない」、「スマホの使い方に注意して」と言うだけでは、具体的にどうやって危険を避ければいいのかわかりません。

ここでは、被害者にならないための基本的な注意点を5つ挙げてみましょう。

①インターネットの情報をそのまま信じない

おとなにとっては当然のように思われるかもしれませんが、社会経験が未熟な子どもはインターネットの情報をそのまま信じてしまいがちです。ＳＮＳやコミュニティサイトで知り合った人と簡単に友達になることも多く、それが深刻な被害につながる可能性もあります。

②インターネットは世界とつながる「公共の場所」

インターネットのシステムは、「ワールドワイドウェブ（World Wide Web）」と呼ばれます。要は、自分が書き込んだ文章や投稿した写真を、世界中に公開しているわけです。

仮に下着姿の写真を投稿したら、それはたくさんの人の目の前を下着で歩いているのと同じ。しかも投稿した写真や動画、個人情報などはどんどん拡散していきます。現実生活での社会的ルールと注意点をインターネット利用時にも意識させましょう。

③自分の身は自分で守る

フィルタリングを利用する、自分で作ったルールを守る、利用時間を把握し自覚的に使う、トラブルに遭ったときの相談先を調べておく、こんなふうにまずは自分でできることを確実に実行しましょう。

車の運転をする際、ケガ防止のためにシートベルトを締めたり、法定速度を守ったり、早めにライトを点灯したりします。同様に、インターネットの危険性を知った上で、自分の身を守るように指導してください。

④考える時間を持つ

SNSのようなコミュニケーションは「速攻」、つまり時間を置かずに情報や会話をやりとりします。「即レス」という言葉も使われますが、これは即時にレスポンス（返信）するという意味で、いかに速く反応するかが求められがちです。けれども、そのようなやりとりでは思わぬ誤解が生じたり、本意ではないことが伝わったりします。

少し時間を置いて考える、受け取った情報を読み返すといった余裕を持ち、たとえば「メッセージ送信の前に内容を3回読む」、「友達からの誘いがあったら10分考えてから返答する」などの工夫をしましょう。

⑤信頼できるおとなとつながる

スマホを使うと、「個人の世界」が作れます。誰とつながっているか、どんな情報に接しているか、たとえ家族であってもその内容を簡単には把握できません。逆に言えば、自分の嗜好、興味などに集中するあまり、冷静さや客観性を失う可能性があります。

スマホ関連の悩みは親に相談しにくいと話す子どもは多いのですが、ひとりでもいいので信頼できるおとなとつながれるようにしておきましょう。私の取材したケースでは、親が自分の友人を子どもに紹介し、「お父さんやお母さんに相談しにくいときは、この人に話して力になってもらいなさい」と伝えている方もいました。

こんなふうに子どもが他者とつながり、適切な意見やアドバイスをもらえるよう、ときに親が後押しすることも大切です。

SNSトラブルとスルースキル

加害者にならない、あるいは被害者にならないための教育や指導が重要なことは言うまでもありませんが、一方ですべてのトラブルを防ぐことはできません。

たとえば同じクラスの友達とSNSで交流するとします。最初はみんなで盛り上がり楽しくコミュニケーションしていたのに、次第に雰囲気が悪くなることがあります。互いに親しくなるにつれ過激なことも言いやすくなりますし、仲間内での上下関係もできやすくなるからです。

身近な人間関係でのトラブルは、相手との距離が近いだけにかえってこじれてしまうことが少なくありません。周囲からは「友達」と思われていると、親や先生には悩みを打ち明けにくいもの。結果的にひとりで抱え込むことになり、問題が長期化、複雑化しがちです。

では、子ども同士のSNSトラブルが発覚したら、どう対処すればいいでしょうか。まずは、被害者側の訴えを聞いてください。当人の状況や気持ちを受け止めたら、今度は相手の子どもの話を聞きましょう。前述したように、ネット上では「安易にやってしまう」ことが多いからです。

何かをやった（言った）側は、「悪口とは思わなかった」、「相手が傷ついているとは知らなかった」などと言うことがしばしばあります。SNSのような速攻型のコミュニケーションでは、その場のノリや空気に流されやすい上、過激な表現にウケる、増長するような集団心理も働きやすいからです。

決して過激なことを言っていいわけではなく、注意や指導は欠かせません。一方で、

「相手に悪気はなかった」という点は被害者側に伝えたほうがいいでしょう。「実はそんなに深刻に受け止める必要はない」と知るだけで、気持ちが楽になります。

こんなふうにネット上のコミュニケーションではすべてを真に受けず、ときに「スルー」が必要です。やりすごすといった意味で使われますが、要はじょうずに無視するという対処法、「スルースキル」と言われています。

SNSトラブルに限らず、ネットの情報を真剣に受け止めすぎると、それだけで疲れてしまいます。うまくスルーしておく、相手は深く考えずその場のノリで言ってるんだと割り切る、そんな発想の切り替えで自分を守ることも大切です。

対策を知って加害行為を食い止める

とはいえ、あきらかないじめや執拗な誹謗中傷、個人情報の流出など、スルーできない事態もあります。文部科学省の『児童生徒の問題行動等生徒指導上の諸問題に関する調査』によると、「パソコンや携帯電話等で誹謗中傷や嫌なことをされた」と認知されたいじめは、2015年度に約7900件。すべてのいじめの認知件数に占める割合は約4％ですが、近年は特にSNS上での問題行動が目立っています。

前述したように、ＳＮＳでのいじめには「言葉」、「画像」、「多数の同調」という特徴があります。言葉によるいじめは、相手を中傷する書き込みや、根も葉もない噂を流したりするものです。

画像とは、写真や動画を利用したいじめ。たとえば、プールの授業時に着替えをする同級生の様子を隠し撮りし、半裸の写真をＳＮＳ上に掲載します。写真を撮られた当人にすれば、気づかないうちに「恥ずかしい姿」が多数の人に晒されてしまうのです。

こうした誹謗中傷や悪質な画像に、多数が同調していきます。「煽《あお》り」などと言われますが、要は皆でおもしろがって被害者を追い詰めるわけです。

決して許されない行為ですが、残念ながら各地の学校で起きています。未然に防ぐための指導とともに、「もしも被害に遭ったらどうするか」という対応策を知っておくことが重要です。

まず、被害状況を記録します。ＳＮＳに悪口を書かれたとしたら、その画面を別のスマホやデジタルカメラなどで撮影し「証拠」として保存します。すぐにでも消去したい気持ちでしょうが、証拠がないと後々「言った、言わない」の争いになるため、必ず記録を残してください。

インターネット掲示板に悪口を書かれている、個人情報が流出しているなどの場合には、そのページをすべて印刷、保存しておきます。掲示板のURL、管理者名なども記録しておきましょう。被害回復のため法的手段に訴える場合には、写真や印刷物などの証拠が必要になります。

次に、専用の相談窓口に連絡しましょう。最近では、「ネットいじめ通報サイト」を設置する教育委員会もありますし、警察や法務局でも相談を受け付けています。近くの相談先を調べる際には、「住んでいる都道府県名（東京都など）」「ネットいじめ」「相談先」というキーワードでインターネット検索してください。各地の警察の少年相談窓口や、法務局の人権相談窓口などの連絡先を調べておくといいでしょう。

何よりも大切なのは、「泣き寝入りしなくていい」と子どもに伝えておくことです。具体的な対応策を知ることは苦しむ子どもを救うだけでなく、ネットいじめの防止にもつながります。

法的手段を選ばないとしても、加害者に対して「いじめの証拠を残してある」、「警察に相談する」と示すことは、それ以上の加害行為を食い止める上で有効な方法です。

加害者が特定できないとき

ネット上での誹謗中傷や個人情報の流出といった被害に遭っていても、そもそも誰がそういう行為をしたのかわからない、「加害者が特定できない」という場合も少なくありません。インターネット上には匿名の書き込みが多く、ひとりの人が複数のＩＤを使い分けていたり、他人になりすましていることもあるからです。

そこで利用したいのが法務局への相談です。「インターネット人権相談受付窓口」や「子どもの人権相談」、「法テラス」など、さまざまな相談窓口がありますので、積極的に活用しましょう。

法務局では、まず被害状況の聞き取りを行います。たとえば誹謗中傷ならどれくらいの頻度で書き込まれているか、どんな内容なのか、それによってどのような実害が生じているかなどです。

次に、被害者自身ができる対応策について説明してくれます。たとえば誹謗中傷を受けているにもかかわらず加害者が特定できない場合には、そのサイトの管理者や接続業者（プロバイダー、サーバーの運営会社）に対して、「情報の削除依頼」や「発信者の開示情報請求」をすることができます。

「情報の削除」とは、書き込まれている内容を消してしまうもの。また、「発信者の開示情報請求」はどこの誰が書き込んでいるか、相手側の情報を得るという意味です。これによって、「加害者が特定できる」わけです。

とはいえ、いじめなどの被害に遭っている当事者がこうした作業をするのは、心理的にも物理的にも大変でしょう。被害者自身ではできないという場合には、法務局が代わりに削除依頼や情報開示請求をしてくれます。

警察や法務局など、公的機関への相談に躊躇する人もいるかもしれません。そのような場合には、自治体の無料法律相談や教育相談、学校のスクールカウンセラー、民間のNPOなどを利用してもいいでしょう。

大切なのは、なるべく早く相談すること、そして現実的な対応をしていくことです。インターネットの特性上、時間が経つほど情報が拡散していきます。また、「気持ちを強く持って」などという抽象的なアドバイスは、ネット上での被害にはたいして役に立ちません。

被害を回復するためには、先にも挙げたように具体的な証拠を示し、どんな実害を受けたか、どうやったら加害者を特定できるかといったふうに、現実的な対応をしていきましょう。

スマホ世代の子どもに必要な「自分力」

スマホを利用していく上でのトラブルやデメリットについての教育は大切ですが、一方で、とにかくおとなが教えればいいという話でもありません。大切なのは子どもがみずから情報収集し、学び、備えておくことです。

とはいえ、取材の中では子どもたちの力不足を感じます。友達にひどいことをしたらどうなるかという想像力、必要な情報や知識を得るための行動力、さまざまな場面で彼らの「空白」を感じるのです。

膨大な情報があふれる中で、肝心のことが身についていないのは、彼らが「受け身」で育てられてきたことと関わっているのかもしれません。便利で快適な生活環境に加え、小さいころから親になんでも教えられ、与えられる、そんな日々を送ってきています。

たとえば家族で外食に行くと、お母さんが子どものリクエストを聞き、お店の人に注文し、お水のおかわりまで頼んでくれたりします。まだ言葉もじょうずに話せない幼児ならともかく、中学生や高校生でもお母さんに仕切られ、彼らは運ばれてきた料理を悠々と食べるだけです。

それでなくても、子どもたちの身近な生活体験が減っています。親のおつかいで買い物に行くとか、年下の子の面倒を見るとか、近所の仲間と秘密基地を作るなどの経験は急速に失われています。

代わりに、スマホゲームの中でアイテムを買い、キャラクターを育成し、ゲーム友達と戦略を練ったりしています。バーチャルが悪いわけではありませんが、現実の体験や体感から得られる力とは、やはり一線を画しているでしょう。

子どもたちには、日々の生活の中で考える機会、行動したり、想像したりする力をぜひ養ってほしいと思います。そのために必要なのは、実はおとなの側の意識改革でしょう。

たとえば電車に乗る場合、スマホの乗換案内でルートを調べ、電子マネーで改札を通る方法だけでなく、あえて子どもに「別の手段」を経験させてはどうでしょうか。

乗車する電車を駅員さんに尋ねる、駅の料金案内を見て現金で切符を買う、お釣りは落とさないようにきちんとサイフにしまう、こんな経験から学べることがあるはずです。

電車を乗り間違えたり、切符を落としてしまうような失敗もあるでしょう。けれどもその失敗から学び、「次は気をつけよう」、「今度はこんな方法を取ろう」と備えることができます。

スマホをめぐるトラブルやリスクに対しても、それを使う子ども自身の力が求められます。どう使うかという判断力、何か起きたときの対応力、そうした力を身につけるためにも、まずは日々の生活の中で多様な経験をさせましょう。

スマホがない時代の話

本章の最後に、おとなが子どもにどう向き合うべきかを述べましょう。たとえば、スマホがなかった時代の話をしてほしいと思います。

私たちが子どもだったころには、スマホもネットも、もちろんＳＮＳもありませんでした。では、友達同士でどんなふうに連絡を取り合ったり、待ち合わせをしていたでしょうか。

自宅の電話や公衆電話を使うとか、メモを交換しておくとか、あらかじめ時間と場所を決めて落ち合うとか、なんらかの方法で遊んでいたはずです。

いつでもどこでも連絡を取り合えるスマホがなくても、かつての子どもは特に不自由を感じることもなく、友達や仲間と一緒に楽しく過ごせていました。インターネット検索が使えなくても、図書館で調べ物をしたり、勉強が得意な友達に教えてもらったりして、あらたな知識や情報を入手することもできました。便利な機械に頼らずとも、人は工夫次第でさまざまなことができるという「事実」を、おとなは身を持って知っているわけです。

こうした体験や経験こそ、今の子どもたちに意外な発見やヒントをもたらします。スマホがないと何もできないのではなく、スマホがなくてもいくらでも生きていける、こんなやり方があると、みずからの体験を伝えてほしいと思います。

東日本大震災で大きな被害を受けた東北地方の学校の先生を取材したとき、とても印象的な話をされていました。

水道も電気もガスも止まった小学校の避難所で、2日後にわずかばかりのパンやおにぎり、缶飲料やペットボトルの水が届けられました。まずは子どもとお年寄りから配給しようという話になったそうですが、津波の被害で周囲は泥だらけ。そんな中を逃げてきたわけですから、足も体も汚れています。通常の生活なら、水栓から水やお湯が出て洗い流せますが、もちろんそんなことは不可能です。ペットボトルの水は貴重な飲料水ですから、それを使うわけにもいきません。

そこで有志の方たちが農業用の井戸水がある施設からせっせと水を運び、バケツや鍋、洗面器などの道具をフル活用して子どもたちに水を配りました。

「ひとり一杯分しかないけれど、この水で顔を洗ったり、口をゆすいだり、足をきれいにしてね」

そう言われて配られた水に、子どもたちはキョトンとしてしまったそうです。鍋や洗面器一杯分の水をどう使えばいいのかわからず、いきなり汚れた足をつけてしまう子どももいました。

一方、お年寄りのほうは、まず水を手ですくって口をゆすぎ、次に顔を洗い、最後に足や体の汚れを落としました。残った水はもう汚れていますが、「この水はトイレを流すのに使える」などと言って大きな容器を探し出し、溜めていったそうです。

育った環境の違い、経験値の差と言ってしまえばそれまでですが、おとなならではの生きる力こそ、次世代の子どもにしっかりと伝えていくべきでしょう。

「スマホがないとできない」ではなく、「スマホがなくてもできる」ことをいかに教えられるか、それが私たちおとなの責任だと思うのです。

第5章

ネット社会の未来と子どもたちのこれから

将来像を描くのがむずかしい

取材で会う子どもたちと、将来についての話をする機会があります。「どんな仕事をしたいの?」とか、「将来の目標は?」といった質問をすると、困惑した表情を浮かべることが少なくありません。

単に「まだやりたいことが見つかっていない」という場合もありますが、一方で「やりたいことはあるけど無理だと思う」、「将来なんてどう変わるかわからないから、今考えても無駄」、そんな声も出てきます。

決して無気力というわけではなく、今の子どもにとって「将来像を描く」ことは実はむずかしいのです。なぜならこれからの10年、あるいは20年で、社会の構造や仕事の在り方が大きく変わることが予想されるからです。

「人工知能（AI）」や「モノのインターネット（IoT＝Internet of Things）」という言葉を耳にする方も増えているでしょう。身近な製品に人工知能が搭載されたり、モノとインターネットとの情報交換が行われたりすることで、産業や経済、サービスの形態が根底から変わると言われています。

駅の改札を例に挙げてみましょう。かつては駅員さんが手作業でキップを確認し、特殊なハサミで切り込みを入れていました。

ところが今、都市部の駅では「自動改札」が導入されています。スイカのような電子マネー、クレジットカードやスマホを改札口の機械にピッとタッチすると、コンピュータが情報を読み取ります。

乗降の状況に応じて自動的に料金が計算され、残額や支払履歴の確認もできます。わざわざ駅の窓口に並ばなくても、スマホを使ってあらかじめ指定席を予約したり、キャンセルすることも可能です。

こんなふうに、人力で行われていた仕事をコンピュータが行うようになりました。それまで10人の駅員さんで担っていた作業が、5人、あるいは3人と少ない人数でできるようになるわけです。

働く人が減るだけでなく、膨大な情報がネットワークでつながるようにもなっています。平日と休日、天気や気温の違いによる乗降者数の変化などが自動的に集計されると、そのデータをもとに電車のドアを開閉する時間や駅員さんの人員配置に活用できます。

いずれは、駅員さんがそれぞれ情報端末を持ち、コンピュータの指示で動くようになるとも言われています。

「将来は電車やバスの運転手さんになりたい！」、こんな希望を持つ子どもがたくさんいますが、彼らが社会に出ていく将来、「運転手」という仕事が人工知能に置き換えられているかもしれません。実際に今、人が運転しない車＝自動運転車が登場しているのです。

第４次産業革命がはじまる

最近、「第４次産業革命」なる言葉が登場しています。産業革命という言葉自体は、歴史の勉強で必ずと言っていいほど登場しますが、私たちがよく知っているのは18世紀後半にイギリスではじまった第１次産業革命です。手工業が機械に変わり、蒸気機関と石炭の利用でエネルギー革命が起こりました。蒸気船や鉄道が実用化されて交通網が発達、物資の大量輸送が可能になって、資本主義が確立したのです。

19世紀後半には、第２次産業革命が起きます。エネルギー供給が石炭から石油に代わり、電力や化学が登場します。

20世紀後半には、コンピュータによる自動化、つまりＩＴ化による労働形態の変化が起きました。これは第３次産業革命と言われていて、現在の私たちにさまざまな影響をもたらしています。

さらに今後、第4次産業革命がはじまると言われています。先に挙げた自動運転車はその代表格です。車に搭載されたカメラやセンサーが周囲の状況を感知し、自動的にハンドルやブレーキを操作して走ってくれます。その上、道路の渋滞予想や車の性能、燃費などをもとに、一番安全で快適な走行を自動的に判断します。現時点では実用化に向けての実験走行の段階ですが、そう遠くない未来、私たちがこうした車を利用する可能性は高いでしょう。

仮に10年後、自動運転車のタクシーが登場すれば、人間が運転する必要はなくなります。つまり、タクシー運転手という仕事が消える、こんな予想が成り立つのです。

自動運転車によって消える仕事は、タクシー運転手さんに限りません。人工知能は、人と違って飲酒運転や居眠り運転、無謀な走行をしないので、交通事故も減ります。すると、事故に備えて自動車保険に入る人が減り、保険会社の経営に大打撃があるとも言われています。

車の不具合や故障が自動的に感知され、スマホやパソコンのように定期的な機能のアップデートも実行されます。車自体が不具合を修正するようになるとしたら、自動車整備工場を利用する機会も減ります。

こんなふうに、今まで当然視していた産業構造や就労形態は大きな転換点を迎えています。今後ますますの変化が訪れると予想される未来に、子どもたちは社会の中枢を担っていくことになるのです。

必要とされるスキルとは？

野村総合研究所がイギリスのオックスフォード大学（マイケル・オズボーン准教授、カール・ベネディクト・フレイ博士）との共同研究で、日本国内の601種類の職業について人工知能やロボットに代替される確率を試算しています。

その結果、10～20年後に日本の労働人口の約49％が人工知能やロボットに替わると推計されています。つまり、約半数の人の仕事に「消える」可能性があるのです。

消える仕事は、単純労働に限りません。会計監査、IT保守、CADオペレーター、電気通信技術者、通関士など、現時点では専門職とされる仕事でも高い確率になっています。

また、世界的なIT企業・マイクロソフトの創業者であるビル・ゲイツ氏は、「ソフトウェアが運転手やウエイター、看護師の仕事を代行するため、仕事の需要はなくなっていくだろう。現在ある仕事の多くが、次の20年でどんどん消えていく」と語っています。

私は、ある会合で出会ったタクシー会社の社長さんにこうした話をしてみました。

「自動運転車の登場で、本当に運転手さんは消えるのでしょうか?」

社長さんは苦笑しながらこう言いました。

「確かに厳しいことは事実でしょう。しかし、タクシーを利用するお客さんは、単に目的地まで行ければいいという話ではなく、人のサービスや機転、気遣いを必要としている場合が多いんですよ」

たとえば高齢の方が買い物のためにタクシーを利用するなら、運転手さんがお客さんに代わって重い買い物袋を玄関先まで運ぶ。大雪の中でタクシーを呼ぶ人がいたら、乗降しやすい安全な場所を見つけて案内する。さりげない手助けや状況に応じたきめ細やかなサービスは機械には取って代われない、そう社長さんは話されたのです。

要は、「人」ならではの誠意や機微を必要とする、だからそういう力を持った人は生き残れるというのでしょう。

そう考えると、子どもたちの将来にどんなスキルが必要か見えてきます。人工知能やロボットが活用されるのは事実でしょうが、一方で臨機応変なコミュニケーション、柔軟な発想などが大切になってきます。人工知能は「予測」を計算しますが、私たちが生きる現実社会には「想定外」のことが起きるものです。

マニュアルではない力を養う、自分の頭で考え、行動できる力を具体的に伝えていく、それが子どもたちの将来につながるように思います。

まずは家庭の中で、力試しをしてみてはどうでしょう。第4章で述べたように、災害で水道が使えず、一杯の洗面器の水で洗顔や歯磨きをするとしたらどうやって使うか、こんな力試しです。

いざやってみたら「できない」と戸惑う子どもたちも、やがて一生懸命考え、試行錯誤をするでしょう。あれこれ試す中で、思いもかけない発見や、予想もしなかった展開があるかもしれません。

どんな状況でも学べる、楽しめる、挑戦できる――こんな経験から真の力が育っていくのです。

希望につながる情報

もうひとつ大切なのは、子どもたちが将来への希望を持てるような情報とつながることです。

従来どおりに勉強して、いい会社に入ったとしても、さてその先に「仕事が消える」としたら、今の時点での意欲や希望も消えてしまいます。インターネット上には、「貧困」

や「格差社会」、「ブラック企業」などの言葉が散見され、日々ネガティブな情報に接する子どもも少なくありません。

特に、人口減少や地場産業の衰退が激しい地方の子どもたちは、「どうせここには仕事がない」、「いくらがんばっても、過疎化で街が消える」などと不安を口にします。国土交通省が公表している『国土のグランドデザイン２０５０』によると、約35年後の２０５０年には、日本の市町村の６割以上で現在の人口が半減、２割は「無居住地区」になって完全消滅すると推計されています。

10歳の子どもが45歳になるまでに地域が消えてしまうのなら、将来への希望どころか絶望的な気持ちになってしまいます。

そんな現実を踏まえ、子どもたちがどう希望を見出していけばいいのか、いくつかのヒントがあります。たとえば徳島県上勝《かみかつ》町の「葉っぱビジネス」です。

人口約１５００人の上勝町は、自然豊かな、別の言い方をすると典型的な過疎の町です。高齢化や人口減少、地場産業の衰退など、今の日本が抱える問題が凝縮された地域と言っていいでしょう。そんな町で、高齢者の方が取り組んでいる仕事が「葉っぱビジネス」と呼ばれています。

山には、四季ごとにみずみずしい葉やきれいな紅葉がたくさんあります。その「葉っぱ」が、高級料亭などで出される各種の料理に「彩り」を添えます。要は、料理をよりおいしく、美しく見せるための飾りのようなもの。上勝町の高齢者の方たちは、山の中でこの葉っぱを採り、出荷しているのです。

あくまでも仕事ですから、発注や受注、売上げ計算などの作業が生じます。「赤い葉っぱを30枚」とか、「黄色い葉っぱを至急出荷してほしい」とか、そういう注文に応じて作業する必要もあります。一方で自然相手の仕事ですから、注文どおりの葉っぱが見つからないといった事態も起こり得ます。

そこで活用されているのが、タブレットです。70代、80代のおばあちゃんたちが首からタブレット端末を吊るし、画面に表示される注文を読み取ったり、採取した葉っぱの写真を送ったりしているのです。

田舎のおばあちゃんがタブレット⁉　と驚かれるかもしれませんが、実はタブレットのような機械は「感覚的に使いやすい」と言われています。画面を指で押したり、さわったりするだけで動くので、基本的な操作さえ覚えれば幼児や高齢者でも十分使いこなせるのです。

こんなふうにタブレットを活用することで、「葉っぱビジネス」はスピード化や効率化、多様な市場展開が可能となりました。山で葉っぱを採る方の中には、数百万円の年収を得る人もいるほどです。

よりよい未来を創造するために

上勝町の「葉っぱビジネス」は、ネットの有効活用という点だけでなく、これからの仕事や職業選択に、あらたな視点をもたらしているでしょう。とりわけ、未来の社会を担っていく子どもたちには、こうした事例から学んでほしいものがあります。

ひとつは、ネット社会がもたらすメリットをどう生かすか、という点です。

今の子どもたちは、スマホやタブレットを自在に扱います。反面、ゲームやSNS、動画視聴などに時間を費やし、勉強など本来すべきことがおろそかになっている面もあります。

せっかくの便利な機械を有効利用する、ネットをよりよく使って自分の未来を創造する、こちらに目を向けてほしいのです。

たとえば学校の勉強についていけず、成績が下がる生徒がいたとします。先生に相談したくてもなかなか言えない、近くに塾がない、お金がなくて学習教材が買えないなどの事情もあったとしましょう。

こうした問題を解決できるような教材アプリや、インターネットを利用した学習支援の動画があれば、助かる人がたくさんいるかもしれません。

広く世界に目を向ければ、貧困や紛争で学校に通えない子どもは数億人単位でいます。彼らにとってもアプリやインターネットを利用した学習システムは役立つでしょうし、教育を受けられれば職業選択の幅が広がります。それは結果的に、経済的な豊かさや社会の安定につながっていくのです。

こんなふうに身近な問題を広い視野で捉えると、将来の「やりたいこと」や「できそうなこと」に近づきます。アプリの開発者になりたいとか、海外の新興国でビジネスをはじめたいといった将来像が浮かんだら、それを実現するために今の自分が何をすればいいか、おのずと見えてくるはずです。

ゲームをやりすぎているなら、その時間を減らしてプログラミングの勉強をしてもいいでしょう。専門的なスキルを得るためには、国語や数学、英語などの基本的な勉強が欠かせませんから、まずは今学期のテストをがんばろうと考えてもいいのです。

努力しても無駄、ではなく、こんな努力を重ねればこういう将来につながる、それが見つかれば希望が持てます。そのためにも、これからの時代に即した広い視野、柔軟な発想を持ってほしいと思います。

もうひとつは、「ネットを使えない」と思われている人、単なる田舎と考えられているような場所でも、工夫次第でいろいろなことが可能になるという点です。都会のオフィスでなくてもできる仕事はどんどん増えていますし、さまざまな年齢層や生活環境に暮らす人たちを巻き込んでできるビジネスがあるわけです。

上勝町の「葉っぱビジネス」のように、地元の高齢者がタブレットを使い、山奥の紅葉が商品化できる時代です。同様に、それぞれの地域の自然や食材、伝統などを生かして、あらたなビジネス展開ができるかもしれません。

特に中学生や高校生は、SNSやネット動画での発信力に長けています。そういう力と、地域のおとなが持つ知恵や知識、経験がコラボレーションすれば、いろいろな可能性が開けるはずです。

本当に大切な情報はネットに載っていない

未来を生きる子どもたちにとって、自分で考え、自分の力で行動することは非常に大切です。一方で現実の彼らに、「戸惑い」を感じることも少なくありません。

自分で行動しろ、と言われても、どこからどうやればわからない。膨大な情報に囲まれていながら現実にそれをどう生かせばいいのか、自分は何をすればいいのかわからないという場合も散見されます。

こうした戸惑いの声を取材するうち、あることに気づきました。子どもたちは「本当に大切な情報」を知らないということです。

インターネットを使えばなんでも検索できる、スマホのアプリで簡単に解決できる、こうした便利さが当然のように受け止められています。取材先の子どもたちは口々に、「わかんないことは、スマホでさっくり調べられる」「なんでもネットに載ってる」などと明るく言います。

そう考えても当然かもしれませんが、私はあえてこんな質問をぶつけてみます。

「ネットでなんでも調べられる時代ですよね。じゃあ、あなたのお父さんやお母さんの人生はネットに載ってるかしら？」

彼らはハッとした表情を浮かべ、しどろもどろになります。

「いやぁ、うちの親は有名人じゃないし。ネットに載ってるわけないじゃないですか」

「親のフェイスブックとかは見られるけど……。人生とかって言われても、うーん、それは無理」

「親の人生？　そんなもんわかんないし、知らないし、聞いたこともないです」

そんなふうに彼らは「知らないこと」、そして「ネットでは調べられないこと」に気づくのです。

親という存在は、子どもにとって一番身近で大切な人でしょう。自分が生まれた瞬間から生活を共にし、日々の暮らしを支え、多種多様な影響を与えてくれる、それが親です。

そんな親の人生を、子どもはほとんど知りません。彼らがどう生きて、何に悩み、困り、どんな経験を積んで、なぜ今に至っているのか、それらの大切な情報は「ネットでは調べられない」のです。

お父さんはなぜ今の仕事を選んだのか。その仕事の喜び、苦労は何なのか。毎日会社でどんなふうに働いているのか。

お母さんはなぜお父さんと結婚したのか。子どもを産んで、どんな気持ちで育ててきたのか。お母さんは毎日、どういう生活を送っているのか。

もっと遡って、お父さんはどんな中学生だったのか。高校ではどういう経験をしたのか。いじめに遭ったり、勉強が嫌いになったことはないのか。部活動は何をやっていたのか。お母さんはどんな子どもだったのか。落ち込んだり、傷ついたりしたことはないのか。友達関係で悩んだことがあるのか。初恋は何歳だったのか。働いていたときどんな仕事をしたのか。

挙げればキリがないほど、親には親ならではの人生のエピソードがあるはずです。苦しんだ過去、乗り越えた経験、いくつもの「生身の情報」を持っていることでしょう。そしてその情報は、ネットには載っていないのです。親自身が、みずからの口で語らない限り子どもには伝わりません。

おとなが語る「私の物語」

子どもが「大切な情報はネットに載っていない」と気づくと同時に、親の側も「大切な情報を伝えていない」ことを意識してほしいと思います。

保護者向けの講演などでもこういう話をしているのですが、たいていは「自分のことを語るのは恥ずかしい」などと照れた反応が返ってきます。私も息子二人を持つ親なので、我が子に自分の人生を語る恥ずかしさはよくわかるのですが、それでもここは親のがんばりどころだと思います。

なぜなら親がみずから伝えない限り、子どもたちは「人生のリアリティ」を知るのがむずかしい時代だからです。

かつては地縁や社縁など、多様な人のつながりがありました。お父さんの会社の同僚が家で宴会をやり、「おまえの父ちゃん、こんな仕事でがんばってるぞ」などと子どもに話してくれたりしたものです。

近所のおばさんが「あんたのお母さんは料理がじょうずだよ。このあたりでピカいちの腕前だ」、そんなふうに教えてくれることもありました。

親戚の集まりの席で、叔父さんやおじいちゃんから「おまえのお父さんが子どものころは、こんなに悪ガキだった」、「あんたのお母さんは、中学生のころ不良だったよ」などと、親の意外な過去が明かされることもあったのです。

インターネットやスマホがない時代には、人から人へと情報が伝わりました。どんな子どもだったのかという個人のエピソードだけでなく、子どものころはどういう世の中だったのか、社会の背景や環境と併せて語られることもありました。

たとえば、「おじいちゃんが子どものころは、日本は戦争をしていたよ。食べ物はないし、学校にも通えなかった。代わりに武器の製造工場で働かされて、鬼のような指導教官に殴られた」、そんなふうに実体験と社会背景が語られます。

話を聞いた側は、「それでどうしたの?」とか、「どんな気持ちだった?」などと反応し、また内容が広がっていきます。人から人へと伝わる情報は、「私の体験」や「私の気持ち」、「私が生きた時代」といったオリジナルの物語であり、だからこそ双方のコミュニケーションが豊かになるのです。

また、人によって語られる物語には、生きていく上で大切な発見やヒントがあります。数年前になりますが、私は息子にこんな話をしたことがありました。

「私が子どもだったころ、１９７０年代だけどね。家に住んでなかった人たちがいたの」

すると息子は、いかにもわかったふうな顔で返してきました。

「ああ、それってホームレスでしょ。別に昔の話じゃなくて、今だっているじゃん」

家に住んでいない、という点ではホームレスなのですが、実際には少し違います。そこで私はこんなふうに話をつづけます。

「確かにその人たちは家に住んでいなかったけど、実は別のところに住んでいたの。それは船。漁に出る漁船ってあるでしょ？　漁船には船室という部屋があるし、タンクに保存した水で炊事や洗濯もできる。当時は深夜ラジオっていうのが流行っていて、ラジオがあれば音楽もニュースも聞ける。船で暮らせば家賃もかからないし、若い船員さんにとっては結構快適だったみたい」

「船に住む？　それってマジ？　そんなこと、現実にできるんだ⁉」

話を聞いた息子は驚きの表情を浮かべ、インターネットで「船　生活する人」というキーワードで検索しました。

「お母さん、ネットで調べたら、アジアとかミクロネシアとか、水上生活してる人がいたよ。船で暮らしてる人もいたし、海とか川に浮かんでる家もいっぱいあった。家を建てるなら、まず土地が必要って思ってたけど、そういう発想って狭いんだね」

そのときの息子の興奮気味の声を、今でも思い出すことがあります。また、こういう暮らしは決して前時代的なものではなく、あらたな生活形態として注目されているのです。

自由な時代がやってくる

フランスやイギリスの生活ドキュメンタリー番組を見ていると、船で生活している人が出てきます。たとえばフランスでは、パリのセーヌ川にペニッシュという小型の船がたくさん係留されています。

水道、ガス、電気といった設備はもちろん、インターネットやスマホも使えます。キッチンにベッドルーム、バスルームやトイレなど生活に必要なものはすべて完備され、要は「水に浮かぶ家」なのです。

自宅として使用する人もいますが、会社のオフィスやレストランとして使われたり、パーティーや観劇なども行われています。

また、運河の発達したイギリスではボートを自宅として使用するだけでなく、長期の休みを利用してそのまま運河沿いを航行します。つまり、家でありながら旅行も楽しめるわけです。

パリやロンドンといった大都市では家賃が高い上、築数十年といった旧式の建物が多くあります。エレベーターがないので階段を使わなくてはならないとか、給排水の設備が古くて故障ばかりしているとか、いろいろな問題が発生します。高い家賃や古い建物に日々悩むくらいなら、「家に住む」という発想を捨て、「船に住む」ことは合理的かもしれません。実際に、船での生活を多くの人が楽しんでいるのです。

おとなになったらサラリーマンになり、高い家賃や何十年もの住宅ローンを払っていく、そんな固定観念から脱してもいいのではないでしょうか。

船が無理なら、キャンピングカーを利用して「車に住む」ことだってできるはずです。実際に日本でも、手ごろな価格の軽自動車のキャンピングカーが売れていて、長期旅行やセカンドハウスとして利用している人がいます。

住まいだけではありません。毎日学校や会社に行くのがあたりまえ、そんな生活習慣も次第に変わっていくことが予想されます。前述したように、人工知能やロボット、ＩｏＴなどが広がれば、自宅にいながら勉強や仕事ができる可能性は高まるでしょう。

人工知能によって人の仕事が奪われる、そう考えると不安ばかりが押し寄せますが、人工知能が人の代わりに働いて利益をもたらしてくれる、こんな考え方もできます。人の労力に頼らなくても経済活動ができるなら、私たちはかえって豊かに、自由になるかもしれません。

そうして手に入れた自由な時間を使い、ボートやキャンピングカーで各地を旅行することもできます。不安を希望に変える、失うことだけでなく何を得られるか考える、こんな視点も大切ではないでしょうか。

社会構造の転換点を迎え、多くの変化が訪れる将来を生きる子どもたちには、こういう生き方についてぜひ考えてほしいものです。そのためにも、おとなの経験や過去の生活、人々のリアルな生き様がなんらかのヒントになるはずです。

どん底の高校生が出会ったおばあちゃん

子どもたちが社会に出ていく将来に大きな変化があるとするなら、それに対応できる力や意識、発想が求められます。一方で、社会環境がどう変わっても、普遍的な人の営みがあります。人と人がつながる、互いに助け合う、人にしかできない力に気づく、ここから生まれる確かなものがあるのです。

1年ほど前、いつも取材でお世話になっている人から、ある若者を紹介されました。関西地方の高校を卒業し、高齢者用のデイサービスで働きながら介護職の資格取得を目指す19歳の青年でした。

「介護職を目指すなんて偉いですね」と言うと、彼は「俺、ずっと超ダメ人間だったんですよ」と苦笑します。

育った家庭環境が複雑な上、勉強嫌い。小学生のころからゲームにハマり、中学生のときには遅刻の常習者でした。地元の高校になんとか進学しましたが、毎日スマホゲームや動画視聴に没頭。成績はいつも下位で、生活態度も乱れていました。先生からは「このままだと退学だ」と言われ、当人も「やめてもいいや。どうせ俺なんかクズみたいな人間だ」と自暴自棄だったそうです。

あるとき彼の通っていた高校が、地域の防災訓練に協力することになりました。住民は高齢者ばかり、足が痛いとか、腰が曲がっているとか、避難訓練をしようにも走って逃げることができません。そこで、「うちの町内の防災訓練に、高校生の力を貸してほしい」という依頼があったのです。

当時、生徒だった彼は、訓練への参加がイヤでたまらなかったそうです。

「なんで俺らが年寄りの面倒なんか見なくちゃなんないんだよって。あー面倒くせぇって思いながら、ほんと嫌々行ったんですよね」

そんな彼に、訓練を指揮する人から「お年寄りを避難所の公民館まで誘導して」と指示がありました。割り当てられたおばあちゃんの手を引いて走ろうとしましたが、腰が曲がったおばあちゃんは到底走れません。といって、おばあちゃんのおぼつかない足取りに合わせていたら、避難が完了するまで時間がかかりすぎてしまいます。

たまたま同級生のひとりが、お年寄りをおんぶして走り出しました。それを見た彼も、やむなく自分が担当するおばあちゃんをおんぶして、避難所まで走ることにしました。最終的には3人のおばあちゃんをそれぞれ避難所までおんぶすることになり、息を上げながら往復したそうです。

「そのときはね、やってらんねぇ、なんで俺がこんなババアのために走らなきゃなんないんだよと、かったるい気持ちしかなかったです。年寄りをおんぶするとか、ありえねぇって思ったし、こんな訓練に参加するんじゃなかったと腹が立ってました」

ようやく最後のおばあちゃんを避難所に運び入れ、荒い息を吐きながら足をガクガクさせていた彼ですが、ふと顔を上げると、思わぬ光景が目に飛び込んできました。おんぶした3人のおばあちゃんがそろって手を合わせ、自分を拝んでいたのです。

子どもの力を引き出すおとなの力

お年寄りは、何かにつけて拝む仕草をします。ご飯を食べるときなら「いただきます」と言いながら茶碗に手を合わせたり、お天気のいい日に空に向かって「お天道様、ありがたいねぇ」などと拝んだりするものです。特に、いわゆる田舎のおばあちゃんには自然な仕草としてありがちなことでしょう。

ところが彼は、自分を拝むおばあちゃんの姿に心底ビックリしたと言います。それまでお年寄りと接した経験もなく、ましてや拝む姿など目にしたことがなかったからです。

わけがわからずキョトンとしていると、おばあちゃんたちはしわだらけの手を合わせながら口々に言いました。

「おおきにな、ほんまおおきにな。ありがと、ありがと。ほんまに助かりました」

「あんた、こんなばあさんを3人も運んでくれて、大変やったなぁ。けど、あんたのおかげでうちらはどんだけ助かったことか。ほんまにありがとさん、あんたはいい人や、間違いなくいい人やなぁ」

「神様みたいな人や。ありがとな、ほんまありがたい。あんたは神様やな。ありがと、ありがとう……」

　おばあちゃんたちはしわだらけの手を合わせたまま、何度も何度も「ありがとう」と口にします。年輪が刻まれ、小さくしぼんだ顔をさらにくしゃくしゃにして、彼に「いい人や、神様や」と繰り返し拝むのです。

　思いがけない言葉を前に、彼は突然、涙があふれてしまいました。なぜだかわからないけれど、涙は次から次へと頬を伝い、どうにもこらえることができません。

　そのときを思い出したのか、彼は目を赤くしながら私にこう話してくれました。

「ばあちゃんたち、何言ってんだ？　こんなクズみたいな俺を、神様だって言うわけ？　嫌々おんぶしてたのに、面倒くせぇって腹が立ってたのに、ありがと、おおきに、そう言って俺を拝んでくれるわけ？　そんなことが一気に押し寄せて、ワケわかんないけどとにかく涙がばぁーっと出ちゃいました。

　そしてね、気づいたんですよ。こんな俺でもできることがあったんだって。その瞬間、なんか急に光が差し込んだんです。あのとき、ばあちゃんたちとの出会いがあったから、今の俺があるんだと思うんですよ」

　彼の素直な言葉に、私も思わず涙があふれてしまいました。それと同時に、現実の人と人とのつながりがもたらす力の大きさを痛感しました。

彼がおんぶした3人のおばあちゃんは、おそらくスマホなど持っていないでしょう。インターネットという言葉さえ知らないかもしれません。典型的な、どこにでもいる田舎のおばあちゃんでしょうが、その人たちがひとりの子どもに確固たる自信を与えたのです。

とはいえおばあちゃんたちには、そんな大げさな気持ちはさらさらなかったでしょう。今までの生活や人生経験から、ごくあたりまえのこととして感謝の気持ちを表し、「拝む」という仕草が出たのだと思います。おばあちゃんたちにとってはいつもどおりの、まったく自然なコミュニケーションだったのです。

けれども彼にしたら、まさに「想定外」の出来事でした。だからこそ大きく心を揺さぶられ、自分の人生を変えるきっかけにまでなったのです。

人工知能は「予測」を計算するけれど、私たちの現実生活には「想定外」のことが起きる、と前述しました。実際に、私たちが生きる日々には、こんなふうにすばらしい想定外が起きるのです。リアルに生きている人、確かな経験に裏打ちされた人生、そこから生み出せる力があるのです。

スマホやインターネットを駆使し、人工知能が活用される未来を生きる子どもたちにとって本当に大切なのは、こうした人の力を知ることではないでしょうか。

今までつながったことのない人とつながりましょう。

これまで経験のないことに挑戦してみましょう。

彼らが何かの気づきを得て、新しい、そしてよりよい道に踏み出すために、おとなの私たちにはそれぞれできることがあるはずです。

石川結貴（いしかわ・ゆうき）

1961年静岡県生まれ。ジャーナリスト。家族・教育問題、児童虐待、青少年のインターネット利用などをテーマに取材。豊富な取材実績と現場感覚をもとに、出版のみならず新聞連載、テレビ出演、講演会など幅広く活動する。

著書に『ルポ　居所不明児童――消えた子どもたち』（ちくま新書）、『ルポ　子どもの無縁社会』（中公新書ラクレ）、『心の強い子どもを育てる――ネット時代の親子関係』（花伝社）など多数。

公式ホームページ　http://ishikawa-yuki.com/

子どもとスマホ――おとなの知らない子どもの現実

2016年9月25日　初版第1刷発行

著者 ――― 石川結貴
発行者 ―― 平田　勝
発行 ――― 花伝社
発売 ――― 共栄書房
〒101-0065　東京都千代田区西神田2-5-11 出版輸送ビル2F
電話　03-3263-3813
FAX　03-3239-8272
E-mail　kadensha@muf.biglobe.ne.jp
URL　http://kadensha.net
振替 ――― 00140-6-59661
装幀 ――― 黒瀬章夫（ナカグログラフ）
印刷・製本 ―― 中央精版印刷株式会社

ISBN 978-4-7634-0791-7 C0037